犀の角のようにただ独り歩め

——「スッタニパータ」

日本語とジャーナリズム

晶文社

装丁　菊地昌隆（アジール）

日本語とジャーナリズム　目次

はじめに

海には三つの面がある――。この本でも最後に日本語論を取り上げる片岡義男の、確かサーフィンについて書いていたエッセーの中にそんな言葉があったように思う。

海面があることは誰にでもわかる。そして澄んだ海なら海底面が見えることもあるだろう。しかし、海にある面はその二つだけではない。サーフィンをしていて海中に潜ったサーファーは、上を見上げて光に溢れた空気の面を見るのだとそこには書かれていた。なるほどと思った。知らなかったことを教わったわけではない。知っているのに、そうとは気づいていないことがあるのを教えられた。

サーフィンもダイビングもしない筆者だが、水中から見た空気の面であれば、プールで泳いでいても見る機会はいくらでもあった。だが「第三の面」としてその存在を意識していない。それだけ水面やプールの底を陸上から見下ろす光景に慣れてしまっているので、泳いでいても水の中に視点を移せない。サーフィンやダイビングの経験を積んで、光に溢れて美しい第三の面を繰り返し目撃しないと、水中に視点を置き直して空気の面を意識的に見上げるのに至らないのかもしれない。

他にも同じようなことがあるのだろう。たとえば新聞の紙面で何かの事件について読む。紙面を見て、そこに書かれている事件を紙面越しに知ろうとする。とはいえ、最近では批判的検証的にテキストに向き合うメディアリテラシーや、マスメディア不信も広がっており、新聞に書いてあることのすべてが真実だと思う人はずいぶんと減っているのかもしれない。新聞はこう書いているけれど……と、多少の留保をつけ、距離をおいて記事を読む。それは海面越しに海底の様子を見るときに、水中では光が屈折するから、見えている距離と実際のそれとは違うのだとわきまえたうえで、海底で生活する魚や生物を見るようなものだろう。

しかし、もうひとつ別の「面」がそこにはある。日本語を母語とする読者は新聞が日本語で書かれていることを改めて意識しないが、新聞メディアという「面」に重なっている日本語という「面」を通るときにも、出来事を報じる「像」は屈折を重ねている可能性がある。

この本ではそうした「第三の面」を相手にする。つまり報道する「メディアのレベル」と報道された「出来事のレベル」――つまり海面と海底面ではなく、日本語使いであればふだんは意識しない「日本語のレベル」という側面に重点を置いてジャーナリズムを論じる。

そこで「日本語とは」と大上段に構えるのではなく、筆者自身がジャーナリズムにおいて「日本語」を意識するに至った試行錯誤の経験を丁寧に書くことを一方で心がけたいと思っている。筆者の場合、日本語学専攻ではなかったが、言語一般について研究する経験を大学時代に積んでからジャーナリズムの世界に出た。そんな人生の舵取りがあったからこそ、ジャーナリズムにおける日本語という「面」に気づけた事情があったのだろう。筆者はアカデミズムの水の底に沈んでいるような大学院の院生室で言語について考え、やがてそこから外の世界に出ようとした。その時に水の外で営まれているジャーナリズムを、アカデミズムの水に浸かりながら見た。だからこそ海中から空気の「面」を見上げるようにジャーナリズムの日本語「面」が見られたというべきか。

だとすれば、そうした経緯にも、おそらくはいくばくかの意味があったはずなのだ。だから本書では（若気の至りも多かった）そうした具体的な経験の連なりを筆者自身が改めて読み解くことから始めて、より普遍的な「ジャーナリズム日本語論」を目指してゆきたい——。

そんな道行きにしばらくお付き合いいただければと思う。

1

日本語は批評やジャーナリズムの道具となりえるか

「武田徹は軽評論家になった」

先生の低いダミ声が、教室の中に響いたように感じた。大学で教える身になって、かつての自分と同じ大学院生を相手にテキストを読んでいたときのことだ。

取り上げていたテキストは佐藤健二『ケータイ化する日本語』（大修館書店、二〇一二年）。その中に人類学者アンドレ・ルロワ＝グーランの『身ぶりと言葉』（現在、ちくま学芸文庫に収録されている）からの引用があった。出典書誌データをみるまでもない。訳者は荒木亨だ。荒木は筆者の博士課程時代の指導教官だった。

先生の声に背中を押されるようにして、私はジャーナリストになったのだ——。約三十年前の記憶が唐突に蘇る。

詩人とジャーナリスト

所属組織の名などのように明らかに定まってしまう肩書もあるが、自分で申告できる余地が残った肩書もないわけではない。後者の代表格は詩人とジャーナリストではないか。

詩集が多く売れ、詩作で生計が立てられる極めて恵まれた人を例外（そんな身分の詩人は果たして日本に何人いるのだろう）として、ほとんどの詩人は別に職業を持っているはずだ。大学教員かもしれないし、郵便配達人かもしれない。専業主婦ということもあるかもしれない。

しかし詩を作って、当人がそれを自分のアイデンティティと考えているなら詩人と名乗ることを誰も止められない。もちろん税務署に申告する書類の職業欄にそれを書くことも本人の自由だが、詩作で生計を立てられていない人の職業名が詩人であるとまで言えば多少の抵抗もあろう。それは職業名というよりも詩人として生きる、自らの生き方を宣言する名と考えたほうがすっきりする。

ジャーナリストという肩書にも似たような事情がある。もちろん新聞社や放送局、雑誌社に所属する記者は職制からしてジャーナリストである。しかしジャーナリストは彼らのように所属機関名で身分を名乗れる者に限らない。所属機関を持たない、数多のフリーランスのジャーナリストが日々記事を配信している。

こうしたフリーランスの場合、ジャーナリストの肩書は詩人と似たようなものになる。実際には記事で食えていないケースも多々ある。生計を支えているのは兼業している別の職業であったり、アルバイトであったり、親の遺産であったり、妻の稼ぎかもしれない。それでも彼らはジャーナリストを名乗る。それもまたジャーナリストとして生きるという決意の表明なのだ。

筆者の場合もそうだ。

筆者が駆け出し頃の一九八〇年代後半、日本経済は好調で新創刊される雑誌も多く、いくらでも書く機会は与えられた。締め切りが極度に立て混んでしまわない限り、執筆依頼は引き受け、過去に調べたこと、考えたことがないテーマであっても、自分の問題意識に従って料理して書くことに楽しみを感じていた。

取材と執筆活動で同年代のサラリーマン以上の収入はおそらく確保できていたので、その頃であれば筆者は専業フリーランス・ジャーナリストと名乗れたかもしれないが、九〇年代の後半になると景気が悪くなって雑誌数が減り始める。それでも専業フリーランス・ジャーナリストに踏み留まることも不可能ではなかったが、多彩な依頼仕事を自分流にアレンジしてこなすスリルにも慣れてしまい、そろそろ別の表現と生活のスタイルを目指すようになる。

そして大学院を離れてからしばらく遠ざかっていた大学で教えるようになった。当然、授業やその準備に時間を取られるわけで、それまでのように全生活を取材と資料調査、執筆に捧げられるわけではなくなった。だが、生活の糧を分担することで執筆仕事の方は次々に締め切り仕事を仕上げてゆくのではなく、多少長めの時間スケールの中でひとつのテーマを追求するスタイルへと徐々に収束させてゆけるようになった。

満州国を素材に日本人の国家イメージを検証した『偽満州国論』(河出書房新社、一九九五年。のちに中公文庫、二〇〇五年)、ハンセン病隔離医療の受容を巡って日本社会の「質」を論じた『「隔離」という病』(講談社、一九九七年。のちに中公文庫、二〇〇五年)、原子力技術に日本がどのように向き合い、それを受け入れ、あるいは排除しようとしたか検証した『「核」論』（勁草書房、二〇〇二年。のちに中公文庫、二〇〇六年。のちに『私たちはこうして原発大国を選んだ』と改題して中公新書、二〇一一年）といった日本近代社会史を扱う一連の作品は、こうした兼業ジャーナリスト生活の中で書かれたものだ。

筆者の場合、日本社会の問題を考えるときに常に日本語の問題を意識している。日本語の問題について本格的に考え始めたのは、遠く大学時代にまで遡る。そして日本語に対する問題意識は、日本語を用いるジャーナリズムへ通じており、その問題意識はジャーナリストとして仕事をしながらいつも通奏低音のように脳裏から離れずにあった。

大学で教えるのはジャーナリズム史や報道の公共性の問題を中心としたメディア論が主なのだが、教えているときにはいつもジャーナリストとして実践活動の中で、ついに振り払うことのできなかった「日本語でジャーナリズムを実践すること」に対する根本的な懐疑を底流に踏まえていた。その意味で問題意識はすべて通底していたのだ。

言葉が喚起するもの

筆者はＩＣＵ（国際基督教大学）の教養学部と比較文化の大学院で言語哲学、一般意味論を専攻していた。なぜそれを専攻したのか。先に詩人の例を引いたが、そこには詩が関わっている。

ジャーナリストと詩人は職業名というよりもともに生き方の宣言という点で類似性があるが、活動内容としては限りなく離れているように思うだろう。しかし筆者にとってはその二つが地続きのように感じられている。そのことを書いてゆこうと思う。

詩は筆者にとって常に気がかりな存在だった。自分でも作ってみようと考え、高校時代には学内の文芸誌に詩を書いて投稿していたし、バンド活動をするときにはオリジナル曲の作詞作曲もしていた。

自分の詩に関しては若気の至りも甚だしく、ひとりよがりで、気恥ずかしいものでしかなかったし、当時にしても詩作に酔ってナルシズムに浸る一歩手前で踏みとどまる程度の自制心は持ちあわせていたと思う。だからこそ、詩作が備える、強く人を惹きつける不思議な力の存在に気づき、それが気になってならなかったのだろう。

「ペンは剣よりも強し」というときの言論の力とは違う。言論のように行儀よく収まらない、時に輝かしくもなるし、時に禍々しくもなるイメージを喚起する力が詩にはある。そのイメージは言葉に起因するのだが、言葉で説明すると、春になって雪が溶けてしまったかのように、どこかに跡形もなく消えてしまうのだ。

端的なのは現代詩だろう。古典的な叙事詩や抒情詩は何かを表現することに熱心だった。それに対し、多くの現代詩は何かを具体的に表現することを恥じているかのように書かれる。

しかし、そんな詩に存在感を読者は感じ、時に感動を禁じ得ない。そこでは日常生活で使われる言葉のように用件なり、意志なりが伝えられているわけではないが、やはりコミュニケーションが成り立っているのだ。ならば何が伝達されているのか？ そう尋ねても詩人も読者も答をはぐらかすだろう。答を説明する言葉は詩の本質に届かないし、むしろ興ざめな印象を与える。現代詩の言葉は、研ぎ澄まされた詩人のセンスによってその言葉以外を選べないまでに厳選されているはずなので、他の言葉で代替的に説明されることを拒否する。

たとえば瀧口修造に「遮られない休息」という詩がある。

跡絶えない翅の
幼い蛾は夜の巨大な瓶の重さに堪えている
かりそめの白い胸像は雪の記憶に凍えている
風たちは痩せた小枝にとまって貧しい光に慣れている
すべて
ことりともしない丘の上の球形の鏡

この詩の内容について他の言葉で説明することができるだろうか。試論であれば様々に書かれるが、それは詩そのものとは別の表現物を作る作業であり、詩の魅力＝喚起力そのものを語ることにはならない。この詩にインスパイアされて武満徹は美しいピアノ独奏曲を作っているが、それももちろん詩ではない。それらはいってみれば二次創作なのであり、詩そのものを理解したいと望むならば、他の言葉に変換できない詩の言葉の力をそのまま受け止めるしかないのだ。

こうした「喚起力」を備えているのは詩の言葉だけではない。偉大な宗教家や哲学者の言葉も、ただ語られた内容を伝えるだけに留まらない、一種のオーラをまとって伝達されているではないか。

よりミクロにみてゆけば、言葉は単語レベルから喚起力を発生させるとも言える。それは書かれた言葉でも語られた言葉でもそうだ。レヴィ＝ストロースが『構造人類学』（みすず書房、一九七二年）で触れていることは印象的だ。

私はフランス語と英語を両方とも完全に話すというわけではないが、生涯のある時期にはまったく英語だけを話した。その私にとって、fromage と cheese はたしかに同じものを意味しはするが、そのニュアンスには相違がある。fromage は、一種の重さ、何か油っこくて砕けにくい物質を思わせる。それは、乳製品が〈油もの〉と呼ぶ種類のチーズを指すのに、とくに適した言葉なのだ。それに対して、cheese は、もっと軽く、もっと新鮮で、少し酸味があって歯ごたえがなく、私はすぐにホワイト・チーズを思わせる。つまり、私にとって、〈チーズの原型（アルケティプ）〉はフランス語で考えるか英語で考えるかによって同じではない。（荒川幾男他訳）

言語学者フェルディナン・ド・ソシュールは、言語記号が恣意的に選ばれると考えた。それぞれの言語記号の「音」は、擬音などの特殊なケースを除いて、それが示す意味内容とは独立して存在している。しかしレヴィ＝ストロースがいうように「ひとたび採用されたこれらの音の集まりが、それらと結ばれることになった意味内容に特殊なニュアンスを与えることはやはり考えられるのである」。言葉を使用する文化の中で、言語記号に辞書的な意味内容を超える余剰のイメージが付加されてゆく。喚起力とはそうしたイメージを喚起する力なのだ。

そうした喚起力をとりあえず存在すると仮定したうえで、それを対象に含みつつ意味伝達過程を定式化することができないか——。それが卒業論文、修士論文を通じて筆者が取り込んできたテーマだった。

卒論では言葉の意味をその指示対象と考えるアリストテレス以来の古典的言語観から離れようとしてソシュールや哲学者ウィトゲンシュタインが切り開いた二十世紀の言語学の

達成を踏まえ、ロマン・ヤコブソンの構造機能分析的な言語理論やディルタイ、ガダマー、リクールなどの解釈学を援用して喚起力の「了解」（＝受け止め）から、必要に応じて他の表現を用いた意味の「説明」に至るダイナミズムを定式化する理論モデルを作った。修論ではその延長上に人称構造の中で喚起力がいかに作用するかを検討した。

荒木先生のこと

そんな修論を書き上げてしまって、さて、どうしようと思った。言葉の力はどのように社会の中で受けとめられているか、十分でないにしろひとつの構図を自分なりに描き出せたと思った。であれば、その先に研究の歩みを進める必要は、少なくとも自分にとってないようにそのときは感じられた。一般的には大学に研究職ポストを得るための最初のスタートラインである修士論文の執筆が、自分にとっては詩の不思議さに魅了されてあれやこれや考えてきた結果たどり着いたひとつの到達点のように感じられていた。

ここまで来られたので、次には言葉の力を意識しつつ、言葉を使う仕事をするのだろうと思った。そのときにジャーナリストになりたいとか、批評家と呼ばれたいというような職業名が脳裏に浮かんでいたのではない。ただ言葉を使う仕事に就きたいと漠然と考えていた。しかし「言葉を使う仕事に就きたい人、求む」などというポエムのような求人があるはずもない。そろそろ二十歳代も半ばになろうとしており、同世代の連中はとっくに就職して働いている。自分も独立して生活もしなければならないので、大学で助手として働く一方で、修士課程の院生時代に始めた翻訳バイトの仕事をとりあえず再開させた。これも言葉を使う仕事と言えば言えたが、企業が参考用に社内で回覧するために海外の雑誌記事を翻訳するような仕事ばかりで、とにかくわかりやすく、事実を伝える言い回しが求められた。わかりやすく書いて、わかったような気持ちになってもらうのはやはり言葉の喚起力が作用した結果であったので、その意味において言葉の力を意識しないわけではなかったが、できればオリジナルのテキストを日本語に変換するのではなく、最初から日本語で書いてみたい気持ちが次第に優るようになってゆく。

そこで二つの選択をした。ひとつは大学院で博士課程に進むこと。そうすれば博士論文執筆資格試験の一部として論文を書くことが求められ、いやでも書く機会を与えられることになるし、その先にもしかしたら博士論文を書く道が開ける。

ひとつ問題は、その場合、筆者の修士論文までの指導教官が当時、職位が助教授だったため、規定で博士後期課程の主任指導教官になれなかった。そのままでは後期課程に進学できない筆者に対して指導教官に付くことを名乗りでてくれたのが、仏文学の荒木亨先生だった。

荒木亨の名を出しても、知る人はおそらくほとんどいないだろう。略歴を書いておくなら、荒木先生はラブレーの翻訳などで知られる渡辺一夫氏に主に師事し、フランス象徴詩を研究していた。大学院では比較文学専攻に進み、英国詩から日本の詩人へと研究領域を広げた比較文学研究者の島田謹二氏の指導を受けている。

自分でも詩を研究テーマにしていた荒木先生は、言語哲学分野で詩的表現を相手にした筆者の修士論文の副査となってくれたし、その内容も気に入ってくれたのだと思う。先生の授業は学部時代にいくつか出ており、個人的に影響を受けたことも数多い。指導教官を引き受けるにあたって筆者の母に「武田君は私の研究を一番理解してくれている」と手紙に書いて送ってくれたこともあった。

ＩＣＵは学生数に見合わない広大な敷地を有しており、そのほとんどが、三鷹あたりではすっかり姿を消した武蔵野の雑木林だった。林の中には教員住宅が点在していた。創立時に検討されたという、学生も教員もすべてキャンパス内で生活するという構想は実現しなかったが、専任教員の半数程度は学内に住んでいた。

荒木先生の自宅も学内にあり、先生は自分が指導する仏文学専攻の学生、院生を招く集い（「サロン」と呼んでいた——）を月に一度開催していた。

専攻は違っていたが学生時代の筆者もそのサロンに招かれ、深い林の中を歩いて先生の自宅を訪ねたことがあった。自宅の書棚に収まっていた第二評論集『木魂を失った世界のなかで』（朝日出版社、一九八二年）を開くと、表紙裏の折り返しには、「武田徹様恵存。1982・4・10　復活の聖土曜日」と丸っこい独特の字で書かれた先生のサインがあった。この本をいただいたのもサロンで、だった。

そのときのことはよく覚えている。できたばかりの新刊が自宅に届き、サロンに集まる学生、院生に著者割引価格で頒布したとき先生はとても上機嫌で、本を編んでゆく過程で起こったエピソードを披露していた。

しかし突然、先生は学生に雷を落とす。「君たちは本を出した先生におめでとうの一言もいえないのか」。

自分も本を書くようになってわかるようになったが、新刊が上梓されたときに、著者の苦労に対するねぎらいの言葉を掛けてほしいのは、書き手として正直な気持ちである。筆者も同じようなケースに遭遇すれば、何も言い出さない学生を叱りはしないが、寂しく思うだろう。

だが、その場にいた学生としてはそんな物書きの気持ちなどわからなかったのだ。そのとき、サロンに集まっていた学生、院生はもちろん自分で本を出せるわけでもなく、物書きと親しく交わったこともなかったので、師が新刊を上梓したときにどのような対応をするのが礼儀なのか知らなかった。先生にもそんな事情はわかっていたはずだが、ねぎらいの言葉を期待して空振りした自分の感情の着地点を見つけることができなかったのだろう。

荒木先生は感情を制御することが不得手だった。たとえば『木魂を失った世界のなかで』のあとがきの中に渡辺一夫の自宅を訪ねた話が載っている。そこで先生は偶然、大江健三郎と一緒になったらしい。年齢は先生のほうが少し上だが結核療養のため学年が遅れ、二人はほとんど同じ時期に渡辺に師事していたのだ。しかし大江は荒木先生のことを思い出せず、「ああ、テレビで御活躍の……」とか「岩波でフランス語の教科書をお出しになった……」と見当はずれのことばかり言ったのだという。「私も大江氏の作品はほとんど讀んでゐないのだから、お互ひっこで何ら差支へはないが、ジャーナリズムですべてが動く戦後社會の尺度でいへば、私が無名氏であることは當時から今日までまったく變ってゐない」と先生は書いている。筆者だけでなく、当時の学生の多くが、気持ちはわかるが、それを著者のあとがきでわざわざ書かざるをえないところにどこか痛々しさを感じていたのではないか。

確かに荒木先生は平均的に言えば有名人ではなかった。当時としてそうだったのだから、今や記憶の中にその名前を残しているのは、かつての教え子ぐらいのものではないか。ルロワ＝グーランの訳書は冒頭で取り上げたようにかろうじて文庫化されて残っている。ユグナンの『荒れた海辺』（筑摩書房、一九七六年）は古書で結構な価格がついており、その評判、高評価は仏文学と国文学の両方に通じていた先生の訳の巧みさも確かに貢献していると筆者は考えている。だが、訳者の名前でそれを読もうとする人はもはやいまい。訳書以外で単著の『ものの静寂と充実』（朝日出版社、一九七四年）、『木魂を失った世界のなかで』は絶版となって久しい。

それでも筆者は荒木先生との交わりを書いておきたい。それが今の自分を間違いなく規定しているので――。

文章を書く仕事

翻訳ではなく、自分の文章を書いてゆきたいという気持ちがやがて少しずつ叶えられるようになる。まずは雑誌の埋草記事を書く機会が与えられ、やがて署名記事も書けるようになった。そんな習作時代に、初めて、それまでの自分の思考の蓄積上に議論が展開できそうな書評の依頼が得られたときは嬉しかった。

文藝春秋社近くの喫茶店「天茶」で打ち合わせをした、今はなき雑誌『諸君』の編集者は「何を選んでもよい」と言った。そこで、書店に足しげく通って選びに選んだのが、小林秀雄が五味康祐と対談した録音である『音楽談義』（ステレオサウンド、一九八七年）というカセットブックだった。本ではなく、カセットブックを選んだのは、書評として毛色を変えれば目立つだろうという思惑もあったが、小林を論じる上で「声の直接性」をテーマにする必要があると考えており、声を録音したカセットブックはまさに内容と形式の呼応があると思ったのだ。

『諸君』一九八七年九月号に掲載された書評のタイトルは編集部がつけたものだが、「ノイズの中から立ち現れる小林秀雄の思考の筋道」とされている。少し長くなるが再録しておこう。


浅田彰もそうだが、小林秀雄も「音」に近しい文化人だった。代表作『モオツァルト』然り、そして先日、五味康祐との『音楽談義』がカセットブックとして出版された。昭和四十二年に行われた全対談を記録したテープ中に、往時の小林が聞いたSP盤クラシック曲演奏を収める意欲的構成を取っている。

録音音質は良くない。製作者側も詫びているが、初めは対話者の声の区別にさえ苦労する。耳が慣れて、漸く、小林べらんめえ節がノイズの中から立ち現れる。ただし対話を編集なしに記録した発言内容ゆえに、思考の筋道はかえって辿り易い。

一聴後、以前読んだピアニスト高橋悠治の「小林秀雄『モオツァルト』読書ノート」(『ユリイカ』一九七四年一〇月号)を思い出した。高橋は、職業評論家にはない率直さを武器に小林音楽論の特徴を二点に絞り切って見せた。即ち、小林は「音楽との出会いを書く事で、音楽論に替え」ようとし、その論証は「正・反と弁証法的な手順を踏むかに見えて合に至らず再び正に戻り、まるで一歩も退くまいとする意志を貫くようである」と。

『談義』を聞くと、高橋の指摘が実に正鵠を射ていた事が確認できる。道頓堀をうろついていた小林の頭の中にト短調シンフォニイが鳴り響く『モオツァルト』の有名なくだり同様、『音楽談義』でも、音楽との出会い方が専ら語られる。典型的クラシック鑑賞家である五味康祐が、ステレオ装置による再生を経つつ、直接、原音と出会う難しさを嘆くと、小林は原音の追求など意味がない、と突き返す。

「音の裏にこそ本当の音楽がある。それを精神で聞く。音楽とは歴史をしょった意味なんだよ。教養のある人だけが、それを聞き分けられる――」

だが音楽の「意味」との出会いも、精神に直接、呈示される以外に理解の術は示されない。こうして原音至上主義に対して反措定の立場を取ったかに見えて、論旨は確かに出会いの「直接性」から一歩も動いていない。

しかし小林を「読んで」いるうちは、この逡巡の構図が意識されることがなかった。考える習慣自体、大部分が小林に伝授されたものである日本の思想環境で、小林は思考の規範でこそあれ対象ではなかった。だが『音楽談義』には、超・自我のように僕達の考え方を律している小林的用語法から一歩外に踏み出し、論旨を振り返り見られる隙間が、修辞に絡め取られぬ分、『モオツァルト』等より大きく開いている。そしてその隙間を通して、『談義』には欠けていた小林流修辞一般の役割までもが窺えそうな気がする。

小林の批評は、常に修辞と同じ場所にあった。思考が辿るのは散文的な弁証の回路ではなくむしろ「出会い」の周囲で逡巡する修辞的表現の領域に限られた。だから音楽に対するのと同様、小林の批評に於いても説明を介さず直接、表現に対峙して共感せずには理解に至れない。

しかし説明を超越するからこそ「小林がわかってしまう」感覚が、至上の知的悦びを与えて来たこともまた否定できまい。小林に直接近づきたいという欲求は未だ根強く、ついに対談記録テープをも発掘した。その「音」に修辞はないが、資料的価値がある。そろそろ小林の批評とその理解環境の特殊性を省みることで、長らく思考の範であり続けた彼の恩に報う時期が来ても良いように思う。


多くのクラシック愛好家と同じく五味が原音のハイファイ再生にこだわるのに対して、小林は音楽家の精神と直接出会おうとする。道頓堀を歩いていて突然旋律が脳裏に響いた体験など、音楽との出会いのエピソードを小林が繰り返し書くのは、音楽家の精神そのものといかに出会えるかを重視してきた彼が必然的に選んだスタイルなのだ。

そんな小林の思考は「そこにありありと自らの存在を示す=現前」を求めるものとしてジャック・デリダなら批判しただろう。そうとは書かれていないが、筆者は当時、読みこんでいたデリダの批評をそこに援用しようとしている。

小林は音楽という表現（シニフィアン）を聴こうとしていない。音楽の奥に潜む音楽家の精神そのものが、言葉を越えた言葉で自分自身を示す、聞こえない「声」を聞こうとする。小林が考える音楽との出会いとはそうしたものなのだ。その「声」を聴くためには音楽についての語る言葉は邪魔であり、音楽との出会いの経験を書くことをもって音楽論に換える修辞が選ばれる。

小林の読者は、こうした小林の思考法を受け入れる。小林が音楽に対してそうしたように、小林の文章に対して、その表現を説明的に論じるのではなく、表現の奥に潜む小林の精神そのものの声を聞こうとする。「声」を聴くために、説明の言葉はノイズとなる。

ただ小林が書いたものをそのまま受け入れ、了解すること。その理想にいかに近づけるかが小林理解の深度として計られるのだ。それは詩と向き合う姿勢に等しくなる。批評を詩のように受け入れることを求めるのが小林流なのだ。

そんな小林の思考スタイルと、「批評の神様」である小林を理解する上での独特の作法が、精神や思想の「意味の声」を聞こうとする姿勢と、カセットブックに録音された現実の「声」とを対照させることで、より効果的に浮かび上がらせられるのではないか。そう考え、題材を選び、書いた。いま読めば文章が生硬で、果たして読者の共感をどの程度得られたかは不明だが、当時としては「してやった」と満足していた。

だからこそ掲載号が出たときに勇んで荒木先生の研究室に馳せ参じ、持参した雑誌を見せたのだ。愚かな兼業大学院生は、さぞや自分が褒めてもらえると信じて疑わなかったのだが、先生の表情は複雑だった。

そのときは何も起きなかった。しかし数カ月後、筆者は先生が表情を曇らせた理由を知ることになる。先に紹介したサロンは、やがて学生院生や卒業生を会員とするに同人誌のような月報を発行するようになっていたが、先生はそこに備忘録のようなコラムを連載していたのだが、そこに書評を見せてしばらく経った号に「武田徹は軽評論家になった」と書いていた。

「軽評論」とはマスメディア・ジャーナリズムの世界を舞台にする評論のことだろう。「ジャーナリズムですべてが動く戦後社會の尺度でいへば、私が無名氏であることは當時から今日までまったく變ってゐない」と書く先生にとってマスメディアは有名人を作り出す唾棄すべきシステムであった。「軽評論家になった」とは、唾棄すべき存在になったというのと同義であろうと筆者は感じた。

この一件がきっかけとなって荒木先生とは疎遠になっていた。生硬な小林論の短文が評判が良かったとは思えないが、仕事の依頼は順調に増え、筆者はそれまで以上にマスジャーナリズムで仕事に関わるようになり、大学には数えるほどしか顔を出さなくなる。

大学院の課程は荒木先生からさらに日本思想史の源了圓先生に主任指導教官を代わって

もらってなんとか最後まで修めたが、結局、博士論文は執筆資格を取得するまでして書かなかった。大学を離れてからは先生と会う機会もなく、音信も途絶えた。

恩師の英文学者・由良君美との因縁を書いた『先生とわたし』（新潮社、二〇〇七年）で四方田犬彦はいくつかの出来事が積み重なって由良との間に見えない亀裂が走り始め、次第にそれが広がってゆく様子を記している。最初の単行本を贈呈すると「すべてデタラメ」と記した由良からの手紙を四方田は受け取っているし、偶然、バーで再会して殴りかかられたりするなど劇的な経験をしている。筆者の場合、語れることは何ひとつない。先生の訃報は、亡くなってずいぶん時間が経った、実に間抜けたタイミングで人づてに聞いた。

「彼」ではなく「氏」

筆者は先生に軽評論家と呼ばれたことに背中を押されて、いまの仕事に送り出されたのだと考えている。先に触れたようにその言葉は内輪のミニコミに書かれていたものであり、直接、言われたのではない。しかし、その言葉は、自分がジャーナリズムの仕事を続けている折々に脳裏に響いた。

そのときの声は、若い頃に結核を患い、治療のために肋骨を取る外科手術を受けたせいで心なしか猫背になった先生が、グリーンがかったツイードのジャケットを着て大学キャンパスを歩いていた頃の「声」だ。

マスメディア・ジャーナリズムで仕事をしてきた自分としては、先生のようにマスコミで書かれた論説のすべてを軽評論と蔑称で呼び捨てる気にはなれないし、そうすべきではないと考える。優れた仕事をしている書き手や、それを世に出すために骨身を削っている編集者にも多く出会い、彼らの労苦を理解することなく、十把一絡げに軽蔑することを筆者は許せない。そんな抗議の気持ちもこめてむしろ「軽評論家」の称号を敢えて受けて立ちたい気持ちもあった。そんな反発をバネにして、筆者はがむしゃらになって原稿を書いたのだ。

ただ一方で先生がマスメディアに批判的だった理由も、時間がたつにつれて骨の髄に染み入るようによくわかるようになっていった。それはただ無名人の怨念ではなかった。「軽評論」の蔑称は、先生が積み上げてきた思考の上に染み出てきたものだった。先生の思考の広がりの中で、筆者がもっとも大きく影響を受けたのは日本語についての考え方であった。

先に引いた荒木先生の著作『ものの静寂と充実』の書名は、同書に収録された萩原朔太郎の「静物」の詩論をそのまま使ったものである。

静物

静物のこころは怒り
そのうはべは哀しむ
この器物《うつは》の白き瞳《め》にうつる
窓ぎはのみどりはつめたし。

三好達治は『萩原朔太郎』（筑摩叢書、一九六三年）の中で「遺骸」と称して「静物」の草稿を遺稿の中から拾いだしている。

かぎりなく白き器物をなつかしむ
されど器物はものいはず
うつはを抱けばしんしんと
白きつめたさ身にしみる
とまれ　かくまれ
ものいはぬうつは　よしなよし
うつはめづる　そのこころ
やがて

おみなのくみ《ママ》めづるなり

それに対して荒木先生は、たとえ草稿が存在していたとしても、そこからの生成過程には突然変異に等しい質的な変化があったと考える。

朔太郎は『静物』一篇において日本文学でおそらく初めて想像力を物自体へ向かって解放した。この詩を単なる感情移入の詩として見る人もあろう。初稿とつなげればなおさらそういう見方も容易になろう。しかし『静物』では言葉が一度すべての歴史的、文学的連想から断ち切られていることに注意されたい。この詩にはいかなる本歌も考えられない。……滑らかな表面に窓の形が白く光り、木の葉の緑がそこに反映しているが、そのミニチュアのようなやや澄んだ像と色は遠ざかって行く声のように遥かに、又つめたい。「哀しむ」といい「怒る」といい動詞であって「哀しみ」や「怒り」という名詞ではないことに注意されたい。外から人がつけた形容詞ではなく、物名ではく、内側から作用してくる存在の自らなる表出であり、いずれも沈黙した、重い、作用である。（『ものの静寂と充実』）

つまりそこには人がおらず、物自体が自らを表出している。想像力を物自体へ向かって解放する表現の言葉使いは日本文学でおそらく初めてといえる稀有なものだと荒木先生は考えている。

ここまでだと議論は抽象的な印象に留まろう。しかし評論の最後にはより卑近なエピソードが登場している。

先日、私は森有正氏と雑談の折、日本語の性質に関することに示唆に富んだ御意見を伺った。氏によると（というまさにこういう「氏」の使い方なのであるが）書かれた文章においてフランス語の場合代名詞は必ず先行する名詞の代りをするが、日本語の代名詞にはそういう機能が不十分だというのである。傍点部に関してもフランス語では当然《il》（彼）という代名詞を使うところでなぜ日本語ではもう一度「氏」という名詞が出現するのであろうか。「彼によると」ではあまりに翻訳口調でもあり、森氏に失礼であるというのがその理由であろう。（同前）

なぜ日本語では先行して引かれた人物を代名詞ではなく、「氏」で呼ぶのか。荒木先生はこの説明を森有正自身が記していた日本語教科書（原語は仏語。大修館から Leçons de Japonais' Arimasa Mori として一九七二年に刊行されている）からの翻訳の引用で代えようとする。

> 敬語は日本語の単なる一部ではない。それはそのもっとも内奥の原動力に根ざしている。尊敬の正負の度合いが、感情的に階層化された世界をすっぽりとひたっているこの言葉の具体的表現に生気を与えこれを決定している。こういうわけでこの言葉に関しては敬語という点で中性的で無関心な陳述がむしろ例外をなすのである。
>
> 日本語はそこで日本語が機能するところの社会から多少なりとも独立した全体ではない。それは（階層的な）社会構造と密接に結びついた言葉であって、それから切り離すことが難しい。敬語法の複雑さと網羅的性格はその一例であって、この見地から絶対に中性的で利害から離れた陳述はむしろ例外をなす。それはいわば構造化された社会の高圧下、レトルトの中で形作られた言楽である。この言葉に頻繁な主語の省略が言葉と具体的社会との間に生じる癒着のもう一つの例である。なぜなら、現実のしかし暗黙裡に諒解されているところの関係がしばしば話自体の中に入って来て明白な語や文の代わりをなし、それらの語や文は、書いたり話したりする言語表現の面に上らずにしまうのである。（同前）

日本語は社会から独立し、自律していない。それは階層的である社会構造に囚われて用いられる言語だ。森はそう指摘する。「氏」で先行する人物を承《う》けるのも拡張された敬語的表現の一種であり、階層的な社会構造が前提とされている。「氏」は教科書文法的な敬語体系に含まれるものではないが、それでも対象となる人物に「失礼になる」ことを懸念して、「氏」をつけてしか呼べない、上下関係なり、親しさの度合いなりを前提としている（この稿でも筆者は恩師たちの呼び方には苦労している）。

それが日本語の「常態」なのであり、「静物」のように人間関係から自立させて物自体をそのまま描こうとする志向は稀有なのだ。だからこそ荒木先生は「静物」を高く評価したのだ。

その高評価が裏返してジャーナリズムへの低評価に繋がる。日本語は人間関係から自立できない。そんな日本語を用いるジャーナリズムは、たとえば有名か無名かで人の上下を定めてかかることしかできないものとなる。そこにはまともな批評はなく、唾棄すべき軽評論しか存在しないというのが先生の考え方なのだ。

そうした考え方は、実は筆者が修論で書いた人称構造の中で喚起力の機能分析を行った作業でも踏まえられていた。《教師》《弟子》に代表される上下関係、《敵》《味方》に代表される親和か反発かの関係、そうした関係を前提として日本語は用いられ、その辞書的な意味伝達を越えてそうした関係性を喚起する。それを指摘する修論は、先生が武蔵野の雑木林の中に沈潜しつつ磨き上げてきた思考の影響を強く受けている。

そんな考え方を踏まえつつも、マスメディア・ジャーナリズムで仕事を始め、あえて「軽評論家」になった筆者は、日本語でジャーナリズムが可能なのか、考え続けざるを得なかった。

たとえば先に引いた小林秀雄の作品が彼の精神それ自体を読み取ろうとする集中を読者に求めるという事例も《教師》《弟子》の上下関係に近い拘束力を彼の作品が喚起するからなのだ。

小林の「声」は、批評の神様とその《弟子》たる読者たちの間に築かれた人間関係の中でしか魅力的に響かない。読者たちは小林の精神それ自体に出会おうとしているが、それは「静物」の物自体とは異なり、人間関係を含む社会構造の中でしかありえない出会いになっている。

荒木先生はそんな『音楽談義』の書評を書いた筆者を軽評論家と呼んだ。だが、そこで不肖の弟子は不器用ではあるが、日本語と日本文化の偏りの中でいかに批評は可能なのかという、先生の考え続けてきた問題を教え子なりに受け継いで提起しようとしていたのだ。

具体的な人間関係に絡め取られずには発話すらできない日本語という言語は、果たして公共的な批評や、ジャーナリズムを実践するときの道具たりえるのか——。それを確かめることは、筆者がマスメディア・ジャーナリズムでものを書き始めた最初期から一貫して水面下で追求してきた課題であった。伏流水のように常に考えられてきたその課題を、あえて水面上に浮かび上がらせてこれから議論してゆきたい。

2

命題がたてられない

——森有正の日本語論

荒木先生と森有正

森有正について深く考えるきっかけを与えてくれたのは、前章にも書いた通り、大学時代の恩師だった比較文学者の荒木亨だ。

「大人の恋」を描いたと話題になった栃折久美子『森有正先生のこと』(筑摩書房、二〇〇三年)によれば、荒木先生は日本での森有正の代理人のようなこともしていたらしい。

晩年の森は七〇年からＩＣＵ(国際基督教大学)の客員教授となっており、三年間、集中講義をしている。

森とＩＣＵを結びつけたのは、おそらく研究休暇中に森の働くパリ大学東洋語学校で教えていた荒木先生で、招聘の段取りにも相当に骨を折ったのだろうと思う。

来日時に森は、著作の多くを刊行している筑摩書房に近い御茶ノ水の山の上ホテルに泊まるとき以外は、講義を受け持ち、パイプオルガンの練習もできる三鷹のＩＣＵキャンパス内の宿舎に滞在しており、同じキャンパス内に住んでいた先生が、森に連絡しようとする日本の大学関係者、メディア関係者の窓口になった。

私は一九六八年頃から一九七二年ごろまで毎日毎夜電話に悩まされるやうになっ

た。用件のほとんどが森先生の消息に関するもので、新聞社、出版社、キリスト教団体、しまひには仏文の同僚先輩までもが「森さん、今年はいつ来るの」といふ調子である。かういふ電話の使ひ方はフランスではけっして存在しなかったことを不思議に思ひながら、到頭私は森先生に申し上げて代理人としての役目を一切辞退させて頂いた。(『木魂を失った世界のなかで』「あとがき」)

とはいえ「辞退した」というのは先生と森との間でしか通用しない話だろう。それでも森に連絡を取りたがる人たちは、代理人変更という事情もあずかり知らずに荒木先生を頼り続けたようだ。

帰郷して郷里の北海道に滞在しているとき、先生のところに速達のはがきが転送されて届いた。宛先は森であり、先生に気付で送られたものだった。

偶然、森もクラーク会館で講演をして北海道に滞在していた時期だったので、連絡を取ると森は「読んでみたい」という。先生は決して狭いわけではない札幌の街をそのためだけに横断してはがきを届けにいった。森がその女性と連絡を取るとパリで教えたいということで、就職斡旋の世話を頼まれたという。

そのときのエピソードを引きつつ、先生はこんなふうに書いている。

電話をかけてくる日本人とこの日本人女性に共通してゐることは、著名人、権力者に自分の利害のパイプをつなぐためには、その中途をつなぐ無名氏の感情、利害、手数、要するに人格の一切を平気で無視し、これを将棋の駒のやうに踏み越えるべきひとつのステップとしてしか考へてゐない、といふところである。これがＧＮＰ世界第二位の秘密であり、同時に世界中いたるところで日本人が嫌われてゐる秘密である。

（同前）

かくしてすっかり日本人嫌いになった先生の嫌悪の念は、日本人学生であった私たちのところにもしばしば向けられたので、その意味で私たちは森のとばっちりを受けた被害者だったということにもなる。まぁ、それは冗談としても、ここまで思い込むに到った原因を作った森と先生が縁を切ったかといえば、そうではなかった。

森もまた無名人を平気で無視して大衆とつながる著名人の側に分類される。その意味では森という現実の人物に対しては、さぞや感情的に複雑なものが先生にはあっただろうと推測されるが、そうした属人的因縁を乗り越えて森の思想には惹かれていた、ということかもしれない。

森は七七年からは非常勤の客員としてではなく、パリ大学と兼任ではあるが、正規の大学院教授職に着任することも決まっていたらしい。そのときにも、おそらく荒木先生は学内の調整に奔走したのだろう。

だが、その着任は、実現しなかった。直前の七六年に森はパリで死んでしまったからだ。筆者の大学入学は七八年なので、まさにすれ違いだった。とはいえ大学に入学したときに、森の講義が聞けなかったことを惜しいと思った記憶は特にない。

東大助教授時代にフランス政府給費留学生に選ばれた森は、一九五〇年に渡仏したが、二年間の奨学金支給期間が終わっても日本に戻らず、東大での身分は抹消され、将来を嘱望されていたエリート研究者としてのキャリアは打ち捨てられた。その後、長くパリで日本語を教えつつ、思索を続けた――。そんな森の経歴は大学に入る前から知っていた。

北海道大学助教授（当時）の伊藤勝彦を相手に語り下ろされ、講談社現代新書に入っていた自伝的作品『生きることと考えること』（一九七〇年）を筆者は、高校、予備校と続いた、手当たりしだいに新書を貪る濫読時代にすでに読んでいた。特に予備校時代には「哲学ならフランス系」と焦点を絞り始めていたので森のデカルト、パスカル論も気になっていた。

そうはいっても興味は所詮、表層的なものだった。自分の入学した大学で教えていた哲学者が死去していたという情報は、入学式後の新入生オリエンテーションで雑木林の中の小径を通ってキャンパス内の教員宿舎を訪ねたとき、「ああ、森有正もここを歩いたのだな」とちらりと思った以上に、心に波が立つことはなかった。言ってみれば「人間は死ぬ。

森有正は人間だ。だから森有正は死ぬ」、そんな三段論法に収まる程度のものだった。森の概念を先取りして言うなら、当時、森の作品を読んでいたとしてもそれは所詮、読書体験に過ぎず、読書の経験になっていなかった、ということかもしれない。

経験と体験

しかし次第に森に対する認識が変わってゆく。荒木先生を通じて知った森の思想で、最初に心を動かされたのが「経験」と「体験」の使い分けだった。

たぶん哲学者アランの『プロポ』(定義集)を翻訳しながら読んでいたフランス文学史の授業の中でだったと思う。アランの考え方を説明していた延長上に先生は森有正における「経験」と「体験」の違いを話し始めた。まずA≠BとA＝Bという数式を、丸っこい書体の字で板書した。口で述べるだけではすぐには学生は聞き取れないだろうと思って、黒板のすみの方に念のために書いておくという感じだった。

そして「経験は交換不可能な、その人だけのもの、つまりA≠Bの世界。それに対して体験は交換可能なもの、A＝Bとなる世界だ」と説明した。

正確に覚えているわけではないのだが、こんな内容の話をされたと思う――。きみたちはやがて大学を卒業してどこかの会社に入るだろう。そこで働いていたら病気になってしまったとする。そのときにきみたちが会社を辞めても、すぐに別の人間がきみたちの代わりに働き始める。それはきみたちが交換可能な存在でしかなかったからだ。他の人と同じ「体験」をして育ち、会社でも同じような仕事体験しかできていない。つまり他の人と同じA＝Bとなる存在だから、Aが辞めたのなら、代わりにBをということになる。

ところが、きみたちがきみたちにしかできない働きをするようになっていれば、きみたちは交換不可能な、A≠Bの存在になる。人をそうした、かけがえのない人間に変えてゆくものを「経験」と森は考えたのだ――。

なるほどそうかと膝を打つ感覚があった。実は『生きることと考えること』の中にも「経験と体験」と題した一章が用意されているが、それを読んでいたときにはただ字面を目で追っていただけであった。そのとき、先生の説明を聞いて筆者は改めて森の作品と本格的に向かい合ってみたいと思った。

そして筆者が大学に入学した前年に岩波書店から刊行されていた『経験と思想』（一九七七年）を手にとってみた。その中で、森はこう書いていた。

経験と体験とは共に一人称の自己、すなわち「わたくし」と内面的につながっているが、「経験」では《わたくし》がその中から生れて来るのに対し、「体験」はいつも私がすでに存在しているのであり、私は「体験」に先行し、またそれを吸収する。こういう本質的相違が存するのである。しかも、この「経験」と「体験」とは、内容的には、同一であることが十分にありうる。差異は一人称の主体がそれとどういう関係に立つか、によって決まるのである。（「序にかえて」『経験と思想』）

森がパイプオルガンをよく弾いていたので、この箇所を理解するために、筆者は教会で開催されているオルガンコンサートをイメージしてみた。

コンサートにいって音楽を聴く。それは教会である会場に居合わせなかった人には体験できない、その意味で「特別な」体験となる。たとえば音楽評論家ならばその体験をメディアを通じて読者に伝えるかもしれない。そうした職業でなくても、体験した人が体験しなかった人に体験内容について伝えるということはしばしばある。

しかしコンサート会場での聴取体験はそれが可能だった人数を限定するとはいえ、それだけでは森の用いるコンテクストにおいて「経験」と呼ばれることはない。

「経験」に昇格するには、その体験を通じて「《わたくし》がその中から生まれて来る」必要がある。同じ条件であれば誰もが同じように「体験」できる（つまりA＝Bの世界）中から、その「体験」を通じて、新しい自分自身を生み出す（つまりA≠Bの存在になる）ことができた者だけが、それを「経験」したと評価できる。

コンサートに出かけて聴取体験をし、音楽を吸収して帰るだけでなく、コンサートにいった「わたくし」自身がそれをきっかけに新しい自分に変わってゆく。そこまで深い位相で音楽と「わたくし」が関わったとき、それが「経験」となる。

別のところで森は『経験』そのものが、『わたくし』という言葉を定義する」とも表現している。

生成文法意味論では語れない

この『経験と思想』は、森が一九七〇年からICUで担当を始めた授業を元にしている。筆者が八年早く大学に入っていれば、直にその謦咳《けいがい》に接していたものだった。

荒木先生に促されて森を再読するようになって、筆者は肉声を通じて森の思索に触れられなかったことを惜しく思い始めた。その思いは森の「経験」論が、言語、特に日本語の問題として提示されていたことを知って強まる。

「経験」にしても、「思想」にしても、それらは「言葉」とは離すことのできない関係に立っている。「経験」はその本質的契機として、「言葉」と呼ぶ外のない機能を含んでいる。「思想」に到っては、このことは更に明白である。ところで具体的には、「言葉」は、一つの組織であるが、抽象的な記号体系ではない。それは、日本語とか、英語とか、フランス語とか、そういう現在各国として分れて夫々の社会を形成している各国民が使用している具体的な各国語の外にはない。……我々の場合は、「言葉」は日本語である。我々は日本語において「経験」をもち、「思想」を組織する。それ以外にはどうすることも出来ない。……我々にとって「経験」と「思想」との実体は日本語というものから離れて考えることはできない。日本語はおのずから「日本」というものへ我々を導いて行く。（「出発点　日本人とその経験（a）」『経験と思想』）

筆者が森に惹かれていったのは、自分でも言葉の力について考えてみたい、言語を研究対象にしたいと思い始めていたからだったが、そこにはひとつの反発力が働いていた。当時のＩＣＵは米国留学帰りの言語学者たちによって、チョムスキーの変形生成文法が盛んに教えられており、純粋な言語学専攻ではない、人文科学科所属だった筆者にもその影響は及んでいた。

何も伝えないことをもって何かを伝えている、そんな現代詩のようなコミュニケーションまでをも含めて、言葉によるコミュニケーションが成立するかしないかを隔てる境界について原理的に考えてみたかった筆者は、変形生成文法の考え方を意味論の分野で応用するジェラルド・カッツらの仕事が気になっていた。

沢田允茂監修『言語と哲学』（大修館書店、一九七一年）の中でカッツは語彙の意味を「意味標識 semantic marker」という要素に分解する。

たとえば bachelor は、

（i）（物体）、（生物）、（人間）、（男性）、（成人）、（未婚）
（ii）（物体）、（生物）、（人間）、（若い）、（騎士）、（他人の旗の下に仕える）
（iii）（物体）、（生物）、（人間）、（大学を4年で修了して得られる学位をもつ）
（iv）（物体）、（生物）、（動物）、（男性）、（オットセイ）、（繁殖期に相手がいない）

（ ）の中に示された意味標識を持つ四通りの意味列を擁した語彙だということになる。普通の辞書的な語釈では（i）未婚の成人男子。（ii）王に仕える若い騎士、（iii）大学を四年で修了した学士。（iv）繁殖期に相手がいないオットセイ。といったかたちで記述されるところを生成文法理論と意味論を組み合わせて生成可能な有意味な構文かどうかを隔てるために（物体）だとか（生物）とかいう、敢えて言うまでもないことまで標識に含める特殊な処理がなされている。

カッツは、生成文法によれば文法的に正しいので生成可能となる「その花婿は花嫁である」というような文章を、意味的に矛盾するので排除できるような理論を作りたい。そこで意味標識が利用される。「花婿」の意味標識は（物体）、（生物）、（人間）、（男性）、（まさに結婚にのぞむ）といったところか。一方で「花嫁」は（物体）、（生物）、（人間）、（女性）、（まさに結婚にのぞむ）という意味標識を与えるとこのふたつの語彙は（男性）と（女性）という意味標識が矛盾するので、「その花婿は花嫁である」という文章は矛盾しているということになる。

このあたりはそれなりに納得できる。ワードプロセッサーで漢字かな変換をしているときも、文章の意味解析をして、その文脈の中で意味標識が矛盾しない語彙をあらかじめ選別して変換候補を提示してくれれば誤変換や、ありえない選択候補を省く手間も減るだろう。

だが、簡単な文例であればいいのだが、少し踏み込んだ文例になると疑問が生じる。

カッツは The stone is thinking of its immobility.（その石は自己の不動性のことを考えている）という例文を挙げる。この例文を変則的な構文として隔てるために意味標識に加えて「選択制限　selection restriction ＝ SR」という考え方を組み合わせる。それぞれの語彙には意味標識と同時に選択制限が付与される。

たとえば「考える」という動詞は（生物）（動物）（人間）という意味標識を持つ語彙としか組み合わせられないという選択制限を有する（ここでわかりきったことまで意味標識にしておいた価値が発揮される）。この選択制限に反するので The stone is thinking of its immobility. という構文は不適合性（conceptual incongruity）を担うと考えられる。

ここまで来ると若き頃の筆者は首を傾げてしまったのだ。

「その石は自己の不動性のことを考えている」という文章は確かに日常的に用いられるものではないが、どこか詩的な雰囲気が感じられるではないか。それは、たとえば瀧口修造「遮られない休息」の「途絶えない翅の／幼い蛾は夜の巨大な瓶の重さに堪えている」という一節にも通じる。その詩が詩的な印象を喚起する要素のひとつも「幼い蛾」という名詞と「堪えている」という動詞の、普通ではありえない繋がりであり、カッツ流の分析を施せばそれも「不適合性」という概念で説明される。

しかし、ならば不適合性を担えば詩的かといえばそうとも限らないだろう。ある語彙の連なりから詩が生成され、別の語彙の連なりからは詩ではない文章が生成される。あるいはある環境に置かれると、それまでは詩でなかった文章が突然詩的な魅力を放ち始める……。そういった事情について、語彙に意味標識を与え、日常的に使われるかどうかという観点から選択制限を設定してゆくというやりかたで語ることができるのか、そう思った。

たとえばランボーに『母音』という作品があり、「Aは黒、Eは白、Iは赤、Uは緑、Oは青」とそれぞれの母音に色をつけ、「母音たち、おまへたちの穏密な誕生をいつの日か私は語らう」として「A、眩ゆいやうな蠅たちの毛むくぢやらの黒い胸衣《むなぎ》は、むごたらしい悪臭の周囲を飛びまはる、暗い入江」と詠んでゆく。（訳は講談社文芸文庫「中原中也全

訳詩集」より）

もしも生成文法意味論でランボーを分析すれば、母音の意味標識と色の語彙の意味標識は重ならないし、それぞれの選択制限にも抵触して、ひとつの文章に収まらないと判断されるだろう。しかし、こうして不適合の烙印を押すことで、それ以外の、同じように不適合性を備えた無数の表現の中にその詩を打ち捨ててしまえば、ランボーという詩人が登場し、多くの表現者に鮮烈な影響を与えた文学史上の奇跡がなかったことにされてしまうのではないか。

当時、繰り広げられていた生成文法意味論を巡る学術的な論争のことなどはまったくあずかり知らず、ただ自分の直感した違和感で判断してしまうところが、いかにも初学者的だと今にして思うが、筆者は生成文法意味論とは異なる意味の理論が必要だと考えていた。

こうした事情があったことが、ひとつの受け皿になって、筆者は森の言語論に関心を向けることになる。そこには変形生成文法には感じられなかった、たとえばやむにやまれず心情にかられて奇妙な詩を作ることまでやってのける、愚かなのか、賢いのかわからない人間の「厚み」を相手にしようとする姿勢があるように思えたのだ。

二人の「間」にある言語

たとえば森は日本人において「経験」とは複数を、端的には二人の人間（あるいはその関係）を定義するという。

> 二人の人間を定義する、ということは、我々の経験と呼ぶものが、自分一箇の経験にまで分析されえない、ということである。換言すれば、凡ての経験において、それをもつ主体がどうしても「自己」というものを定義しない、ということである。肉体的に見る限り、一人一人の人間は離れている。常識的にはそこに一人の主体、すなわち自己というものを考えようとする誘惑を感ずるが、事態はそのように簡単ではない。それは我々において、「汝」との関係がどれほど深刻であるかを考えてみればある程度納得が行くであろう。もちろん「汝」ということは、日本人のみならず、凡ゆる人間にとって問題となる。要はその問題のなり方である。本質的な点だけに限って言うと、「日本人」においては、「汝」に対立するのは「我」ではないということ、対立するものも亦相手にとっての「汝」なのだ、ということである。（「出発点　日本人とその経験（b）」『経験と思想』）

こうした「汝」に対する「汝」というかたちで人間関係を結ぶことを、森は「二項結合関係 CONBINAISON BINAIRE」、略して「二項関係」「二項方式」と呼ぶ。こうした二項関係の例として、たとえば親子の関係を引く。

> 親子の場合をとってみると、親を「汝」として取ると、子が「我」であるのは自明のことのように思われる。しかしそれはそうではない。子は自分の中に存在の根拠をもつ「我」ではなく、当面「汝」である親の「汝」として自分を経験しているのである。それは子がその親に従順であるか、反抗するかに関係なくそうなのである。肯定的であるか、否定的であるかに関係なく、凡ては「我と汝」ではなく、「汝と汝」の関係に中に推移するのである。（同前）

なぜそうなるのか。「そのようにしか自分たちを定義しない日本語の世界に生きているからだ」と森は考える。

もっともわかりやすい例は敬語の使用だろう。森の言うように「日本語の敬語が複雑極まりない」ことは事実だが、同時に「日本人である以上、原則として敬語法を決して間違えない」。「敬語法を無視して話す方がずっと意識的努力を要する」。

たとえば日本人は「AはBだ」というのを「AはBである」「AはBです」「AはBでご

ざいます」と言い分ける。それぞれの発言の背景には、誰に向かって誰が話しているかが踏まえられている。つまり「汝」に対する「汝」としてしか発言できていないのだ。

そしてこの二項関係は、先に例示した親子関係もそうだが。対等な関係ではなく、多くの場合、上下関係として経験される。

この関係は水平ではなく、上下に傾斜している。極端な場合をとれば、それは垂直の方向をもっている。親子、君臣、上役と下のもの、雇傭者と使用人、先生と生徒、教授と学生、師匠と弟子、例はいくらでも挙げることはできるが、そういう上下関係をもち、その中に二項関係が成立する。しかもその二項関係は、単に年長者と若者、有能な者と無能な者、強者と弱者、優者と劣者、征服者と被征服者、という自然の秩序そのものを反映するのではなく、一定の既成の秩序を内容とする（同前）。

日本語において、表現には常に現実の人間（の上下）関係が嵌入している。こうした事情がある以上、「日本語において、中立的言表がむしろ例外的である」ことになると森は考える。具体的な人間関係の中で「私的」に回収された言葉しか日本語では使うことができない。

その結果、「日本語においては、一人称が真に一人称として、独立に発言することが、不可能でないにしろ極度に困難である。一人称が真に一人称として発言するということ、『二項関係』の外に立って発言するということは、換言すれば、他にとっては、三人称になるということである。そういう意味で私は、三人称と一人称は相関的であると考えている」（同前）と森は書いている。

　つまり私的二項関係の中で、常に「汝の前での汝」として二人称同士で対話することしかできない日本語においては一人称と三人称が成立しない。

　たとえば「AはB」“A is B”という三人称の文章は、たとえば英語の教科書の例文としてしか存在しない。日常の言葉の中で「AはB」“A is B”は「私は「AはB」だと思います」というかたちでしか述べられず、それはすぐに、語尾を「思います」で述べたか「思う」と断定したか「存じます」と丁寧に語ったかといった「汝—汝」の二項関係の現実嵌入の文脈の中に回収されてしまうのだ。

　日本語においては、一応三人称を文法的主格にしている文章でも、「汝—汝」の構造の中に包み込まれて陳述される。それは助動詞（これを動詞という人もあるらしいが、そしてここで助動詞あるいは動詞というのはverbe auxiliaireのことではなく、フランスの日本学者のいうsuffixe fonctionnelであることは言うまでもない）が凡ゆる陳述に伴っていることからも理解される。そういうわけで、日本語が本質的に二項関係の内閉性をもっており、そういう意味で閉鎖的な会話語であるのに対してヨーロッパ語は、会話の場合でも、その二人称は、いつでも、一人称－三人称に変貌することの出来る開放的超越的会話語であるということが出来る。(同前)

鈴木孝夫の自称語と対称語

ここで特に敬語の例から始め、語尾の助動詞に注目してきたが、日本語の二人称表現が独特の性格を持っていることは敬語以外の事例にもうかがえる。

言語学者ではない森は専門以外について語っていることを自覚して、いくぶん抑制的な表現をしているように感じるが、実は日本語学の専門家の間でも森が指摘していたことは議論されていた。

言語社会学者の鈴木孝夫は『ことばと文化』(岩波新書、一九七三年)の中で、いわゆる自称語、対称語の使い方における日本語の特殊性を指摘していた。自称語とは「話し手が自分自身に言及することば」であり、たとえば「わたくし」「ぼく」「おじいさん」「おとうさん」など。対称語とは「話の相手に対することばの総称」で、「あなた」「きみ」「先生」「ぼうや」などが例となる。鈴木によればこの二つのことばの使い方にはルールがある。目上の人間に対して「あなた」「きみ」といった人称代名詞を使って呼びかけることは日本語ではできない。自分の父に「あなた」と呼びかけたり、「この本はあなたのですか」と聞いたりすることは普通は許されない。

しかし逆はまったく問題なくできる。年長者が子供に対して「きみ」と呼びかける光景はごくごく自然なものとしてある。

目下の人間は目上に対しては人称代名詞ではなく親族名称を使う。「おかあさん」「パパ」といった類だ。逆に目下の者に対してその言い方はおかしい。「おい、弟」とは言えない。

固有名詞で呼びかけられるのは目下の者に対してだけである。娘の名前を親が呼ぶのは当然だが、親の名前を娘が呼ぶことはない。また目下のものは自分のことを名前で自称することができる。「良子これ好きだな」という具合に、だ。

鈴木は家族・親族関係の中での言語表現を社会調査した結果として、以上の自称語、対称語の使い方を分ける「目上」「目下」の境界線を左ページの図のように引いてみせる。

(『ことばと文化』)

「目上」「目下」で自称語、対称語に変化が見られる特性は、家族・親族を超えて会社などの組織内での上下関係にもうかがえる。ここにも現実の上下関係が表現に嵌入している事情が示されている。

「AはBだ」と言い切ることができず、「私は『AはB』だと思います」としか言えない。そこでAは本当の主語たりえず、末尾の「思います」「思う」等々の表現を選ぶ主体が「AはB」という三人称表現を包み込むかたちで存在していると先に書いたが、実はそうした三人称表現を包括する主語についても、自称語に人称代名詞「私」や自分の名前しか使えない存在か、親族名称「お父さん」と自称できるものかによって現実の人間（の上下）関係が示される。「良子はAはBだと思います」と言い、「お父さんはAはBだと思うよ」と言う。そこでも「良子」と「お父さん」の間に「汝―汝」の私的二項関係が上下の関係として成立しているのだ。

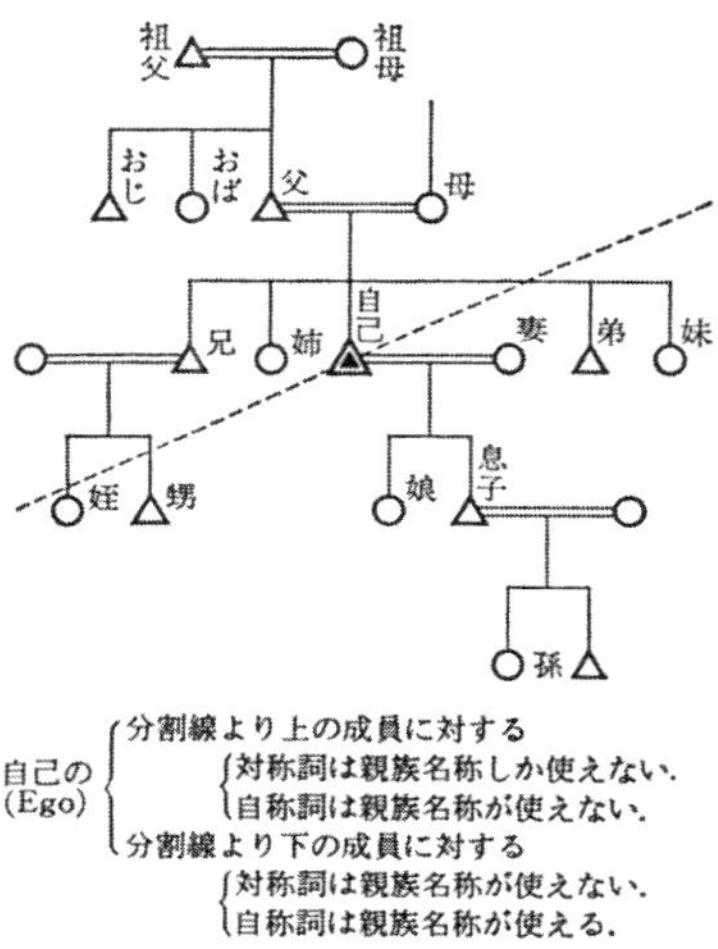

第10図

鈴木孝夫『ことばと文化』岩波新書、1973年より

命題がたてられない

末尾の助動詞表現、そして三人称表現を二項関係の中で包み込む主語についてと論を進めてきたが、実は主部と述部を結ぶ繫辞においてもまた日本語の特殊性がある。森はこう書いている。

"Le cheval court."という仏文を日本語にする場合、「馬は走る」という風に「馬」を主格にし、それに動詞「走る」を加えてみても、文法的には全く正しいけれども日本語としてはどうしても変である。……勿論「馬が走る」と言うことは出来る。しかしそれはもう明らかに"Le cheval court."の訳ではなく"Un cheval court."の訳であり、現実との関連はずっと密接である。それは一頭の馬が走っている光景と結びつく文章であって、現実が文章の中にその影を明らかに落している。（出発点「日本人とその経験（b）」『経験と思想』）

こうした末尾の助動詞の問題、そして「は」か「が」かという繫辞となる助詞の問題を総括して森は「日本語には命題がありえない」と結論付ける。森によれば私的二項関係によって現実の嵌入した表現しかできない日本語においては、命題がないので思想もありえないということになる。

命題の形をとることは、主語が三人称として客体化され、それに対して主体が判断を下すということになる。判断には肯定、否定、条件などがあるが、それらの可能性の間から主体は選ぶことができる。こうしてあるもの、あるいは事柄に関して命題が建てられる。あるいは観念が確保され、その観念相互の間の論理的な関係も次第に明らかにされて、ひとつの思想が形成されて来る。ただその際必要なことは、そういう操作は、凡て言葉が命題を構成することによって行われるのであるが、その言葉は、それ自体の中に意味を荷なう概念であって、その言葉の中に「現実嵌入」が絶対に起ってはならないのである。それが起ると精神はその自由な操作を行うことができなくなり、現実との接触から起る「情動」に左右されて精神であることを止めてしまう。

(同前)

時枝誠記の日本語論

ここでも森は決して独自に日本語論を展開しているわけではない。

森は時枝誠記《ときえだもとき》を興味深く読んでいたという。荒木先生によれば「私はしばしば時枝学説について森有正と話すことがあった。それは一九六四年ごろに始まり六八年ごろに及ぶ」。（「日本語は経験を普遍化し得ないか」『木魂を失った世界のなかで』）

確かに今まで書いてきたことは時枝の、いわゆる「言語過程説」と通じる。時枝は名詞、動詞、形容詞を「詞」（自立語）、助詞、助動詞を「辞」（付属語）と分けた橋本進吉の「詞辞論」を継承し、「詞」によって概念として表された客体的事実ないし情動を、主体が「辞」によって主観的な表現へと変えてゆく一連の過程として日本語表現を考えた。

概念過程を経る処の詞の表すものは、主体に対立する一切の客体界の事物は勿論のこと、主観的な情意もこれを客体化することによって凡て詞として表現することができる。「嬉し」「怒る」の如きがそれである。これに反して、辞によって表現される処のものは、主体的なものの直接的表現であるから、それは言語主体の主観に属する判断、情緒、欲求等に限られている。……「彼行かむ」といっても、推量しているものは「彼」ではなくして言語主体である「我」なのである。この様に見て来るならば、辞によって表現されるものは、主体それ自体であって、素材ではないといった方が寧ろ厳密に近い。

主体的な総括機能或いは統一機能の表現の代表的なものを印欧語に求めるならば、A is B に於ける "is" であって所謂繋辞 copula である。copula は即ち繋ぐことの表現である。印欧語に於いては、その言語の構造上、総括機能の表現は、一般に概念表現の語の中間に位して、これを統合する。従ってこれを象徴的に、A―Bの形によって表すのであって、copulaが繋辞と呼ばれる所以である。右のような総括方式における統一形式を私は仮に天秤型統一形式と呼んでいる。この様な形式に対して、国語はその構造上、統一機能の表現は、統一され総括される語の最後に来るのが普通である。

　花咲くか。

といった場合、主体の表現である疑問「か」は最後に来て、「花咲く」という客体的事実を包み且つ統一しているのである。この形式を仮に図をもって表すならば、

花咲く
か

或は、

花咲くか。

の如き形式を以て示すことができる。この統一形式は、これを風呂敷型統一形式と呼ぶことができると思う。（『国語学原論』岩波文庫、二〇〇七年）

ちなみに時枝は末尾の「か」だけでなく、「花が咲く」としたときの「が」もまた「辞」として「花」や「咲く」の客体的な「詞」と異なり、主体の表現である「辞」とみなす。これを「花は咲く」という自立した命題はありえず、私は「花が咲く」のを見たと現実の文脈の中に落とし込んでいると考えれば、森が「馬が走る」の「が」に現実の嵌入があると指摘していたことと通じるだろう。

このように時枝文法と森の考え方は日本語論として通底するものがある。だが、国語学者・時枝が日本語の特殊性を言語学的に説明し得たと考えて済ませられたのに対して哲学者・森は鬱屈せざるをえない。現実嵌入を許す日本語では印欧語と同じ流儀で命題が立てられないのだ。

森は思想や、それだけでなく、芸術や文学が成立するのは三人称の世界でしかないと考える。ある特定の師弟間に、他からはうかがい知ることのできないある特権的関係が成立しているような思想、芸術、文学は本物ではない。そうした現実的な文脈から離脱して万人に開かれ、純粋に客観的に（つまり三人称的に）成立するようになってこそ思想、芸術、文学は自立した作品となる。

そして、そうした三人称的な思想、芸術に向きあうためには一人称が必要だ。自然科学の法則のように人が誰もいないところでも成立するのであれば、人称構造を必要としない無人称的なものだが、人文科学の中の思想や芸術、文学はそれと向き合う一人称あってこそ三人称を極められる。そうした三人称の対象と向き合ってこそ《わたくし》がその中から生まれて来る「経験」となる。

そこで森が説明に引くのは、バッハのオルガン曲についての自分自身の経験だ。楽譜に書かれている通りに弾く。それが実は一番難しい。恣意的な解釈や、弾き方の癖が出てしまうからだ。練習を重ねてそうしたブレを消してようやく楽譜通りに曲が弾けるようになる。とはいえ、そのような楽譜通りの演奏が誰でも同じものになるわけではないという逆説がある。三人称的な客観の域にまで到達した演奏こそ、表層的な生活上の境遇やら対人関係、日々の「体験」に引きづられることのない、本当の一人称=その演奏家らしさが現れる。それは楽曲を弾く経験を通じて演奏者が《わたくし》になっていった結果なのだ。

しかし、そうした一人称=三人称の構図が、日本社会では二人称の二項関係に私的に回収されてしまう。「二項関係は、人間が孤独の自我になることを妨げるとともに、孤独に伴う苦痛と不安を和らげる作用を果たすのである。また二人の人間が癒合することで、責任の所在が不明確になる……」（「出発点　日本人とその経験（b）」『経験と思想』）

そこまでを示して『経験と思想』は終わっている。しかし、それは結論を出したわけではない。各章に「出発点」の章題がつけられているように問題提起がようやくなされた段階なのだ。その証拠に森は『経験と思想』の末尾に第Ⅱ部を「『実存と社会』と題することにする」と予告している。ただそれは森の死により書かれることはなかった。

森有正の肉声

前章で荒木先生の声に背中を押されて大学からジャーナリズムの世界に出た話を書いた。先生の声は記憶の中に確かに残っている。それに対して森に関してはすれ違いだったために肉声を聞いていない。

しかしそんな森の声をずいぶんと後になって聞く機会に恵まれた。彼が出演したラジオ番組とキリスト教団体の主催する講演会を録音したものを、貸してもらったことがあったのだ。録音メディアはＭＤで、当時、広く普及していたのだろうが、今は再生機も滅多に見掛けなくなっている。結局、ＭＤを貸してくれた人から再生用のミニコンポステレオまで借りてようやく聴くことができた。

初めて聞いた森の肉声にはいろいろ考えさせられることがあった。

書いたものを読んでいたときの印象と現実の森の印象が大きく乖離しがちなことを書き留めている人は案外と多い。たとえば『森有正——その経験と思想』（花神社、一九七八年）を書いた杉本春生はＩＣＵのキャンパスまで森を訪ねたときの印象をこう書いている。

初めて接する氏の風貌は、かねて写真で知っていたが、これほど丸々と肥え、しかも赤黒い艶を帯び、一種の磁気のようなものを放っているとは想像もできなかった。とても六四歳とは思えなかった。それは、氏の父祖の地の桜島の溶岩を思わせるものがあった。

留学をきっかけに日本から遠く離れて普遍的な精神の在り方を森は求めてきた。『バビロンの流れのほとりにて』（筑摩書房、一九六八年）などのエッセーはそうした森の決意を感じさせる、独特の透明感があった。黄昏の中にそびえるノートルダム寺院と対峙する、石の硬質で冷たい気配がみなぎっていた。

こうして日本から遠くにあろうとした森だからこそ、見るからに薩摩の生まれを感じさせ、縄文の根すら感じさせる土着日本人らしい風貌の印象との間に落差を覚える。しかし、日本を離れようとした森がそれでもなお日本の中にいる。そんな逆説は、彼の肉声を聞くときにも明らかに思い至るものだ。

講演の録音の中で森は懸命に「日本語には二人称しかない」ことを説明しようとしている。しかし、それを講演に集まった聴衆に向けて語るとき、森自身もまた聞き手と私的二項関係を取り結ばざるをえないというジレンマをはらむ。

書籍にまとめられた『経験と思想』に続く『実存と社会』は先にも書いたように結局、

刊行されなかった。だが、講義としてはすでに七二年九月十四日から十一月七日まで都合七回なされており、当時のＩＣＵの同僚教員たちを主な執筆者とする森の記念論文集『森有正記念論文集――経験の水位から』（中川秀恭編、新地書房、一九八〇年）が出されたときに、中部日本放送勤務の岩瀬慶昭によっておおよその内容が再現されている。

順番から言えば『経験と思想』の講義があり、『実存と社会』の講義がそれに続き、その後に『経験と思想』が書籍にまとめられている。『経験と思想』をまとめるにあたって森は相当に思索を重ねているので、出席した学生のノートをつきあわせ、一部残っていた録音テープを起こすことで再現された『実存と社会』の講義は、書籍版『経験と思想』で展開された議論を承けたかたちにはなっていない。

ただ彼の講義がどのようになされていたか、様子を窺い知ることはできる。テープを聞いた岩瀬が「学生をよく笑わせている」と書くように、そこでも森は受講者を意識したサービスをしていたようだ。

森の議論を深く知るようになると直接、教えを受けたかったと思ったこともあったが、実際に彼の声を聞いてみると、それは彼の考えに対する深い理解を促すよりも、彼の置かれた困難な状況についての認識が深まるようであった。命題の証明不可能性を導くパラドックスとして「クレタ人が嘘つきだというクレタ人」の喩えがしばしば引かれるが、森にも命題を立てられない現実嵌入に満ちた日本語を使って命題を立てざるをえなかった逆説がある。

そして、荒木先生にも同じように批判が批判対象にからめ取られる逆説を別の文脈で感じる。著名人と無名人を隔て、目上と目下という上下の二項関係に配置してしまうメカニズムとして、先生はジャーナリズムを批判していた。ジャーナリズムが有名性を生み出すのは日本に限った話ではないが、それが目上・目下の構造と重なって私的二項関係を補強する事情を問題視していたのは慧眼であり、マスメディアに関わるものはその指摘を重く受け止めるべきだと言える。

しかし森の考えを引いて、私的二項関係の生成を日本語で思想が紡げない宿痾として指摘している先生自身が、著名人を嫌い、自らと同じ無名人で信頼できる仕事をしている人とのみ親交を重ねる。そこには上下関係とは異なる、「親しさ」か「敵対」のいずれかに傾斜した二項関係を生じさせてしまっているように感じられた。

前章で筆者の修士論文のことに触れた。意味内容が伝達される際に、あらかじめ〈教師〉〈弟子〉の上下関係が喚起されるとそこで考えた着想は、森が日本の私的二項関係は上下関係だと考えたことに起因する。しかし、もうひとつの枠組みである〈敵〉か〈味方〉かの喚起力が言説の意味伝達を支配すると考えるようになった背景には、おそらく荒木先生の頑なな身構えがどこかで影響していたのだと思う。

日本語なりの論理性

しかし、そんな修論を書いていたときに、森の思索がジャーナリズムについて検討すること、特にその不可能性について考えることの基礎を用意するとまでは思っていなかった。それがわかるまでにはジャーナリズムで仕事をし始めてある程度の時間が必要だった。森の言い方に倣えば、そうしたことに思いつく《わたくし》がその中から生まれるためには、さらなる体験の積み上げと時間が必要だったということだろう。

森が到達した認識は、実は日本語が報道の言語としても極めて致命的な欠点を宿していることをも示していたのだ。今ならそれがわかる。

たとえば「AはB」という命題は客観的な事実を普遍的に示すものでもある。事実の在り方は報道を考えるときもっとも基本的な論点となる。森はそんな命題は日本語では成立しないと考えた。そのかわりに“Un cheval court.”（六〇ページ参照）という、「その時その場でしか成り立たない事実」ならば語れると考えた。

報道に限っていれば普遍的事実でなくても「その時その場でしか成り立たない事実」が扱えればいいとは言える。それが普遍的な事実かどうかは後世の検証に委ねればいいのだから。

だが「その時その場」でしか成り立たない事実が、「私は〈AがB〉だと思いました」

という形式で、特定の「誰か」の言説としてしか述べられないというのは問題だ。事実表明型の言説が、それを語る「汝に対する汝」の発言に包まれる。事実を客観的な事実として人間関係から独立させて語れない。それは、報道は客観的であれとする原則が、日本語という言語環境のレベルで不可能だということを意味する。

実はこうしたジャーナリズムの不可能性をも示す森有正の日本語論に噛み付いたジャーナリストがいた。朝日新聞の名物記者であった本多勝一である。

森は「ウナギ論争」と呼ばれる議論を巻き起こしたことがある。それは森が雑誌『月刊言語』一九七二年六月号で哲学者・中村雄二郎、言語学者・川本茂雄と鼎談したときに述べた次の発言に端を発するものだ。

「たとえば、『さあ、これから何食べましょうか』と、こう言うでしょう。『ぼくはさかなです』それ自体としては翻訳できないわけですよ。『わたしはさかなを食べます』という意味なんでしょう。『ぼくはさかなです』それを訳すと〈Je suis poisson.〉どこにもそんなものありませんよね」

翌月号で森はさらに畳み掛けている。

「もうまったく教えれば教えるほどわからなくなっちまいましてね。で、ひとつはもう私の怨念みたいなもの、ほとばしって文法なんてないって、こう叫んでしまおうかと」

この森の発言は、日本語学者たちの反発を呼んだ。日本語には日本語の文法があるのではないか。フランス語と文法が異なるといって、日本語に文法がないとはいえないのではないか、と。たとえば奥津敬一郎は『「ボクハ　ウナギダ」の文法』(くろしお出版、一九七八年)を執筆した。こうしてさかながウナギに変わったが、「AはB」の日本語構文に対してどのように文法的に説明するかが論争となる。

本多もこの論争に思うところがあったようだ。詳しくは次章で扱うが、ジャーナリストの書いた日本語論としてユニークな『日本語の作文技術』(朝日文庫、一九八二年)には「わたしはさかなだ」についての言及があり、本多もまた森が日本語には文法がないと述べたことを激しく批判している。本多は日本語ならではの「文法」を理解すれば、ジャーナリズムに求められる、事実を誤解されることなしに伝えることは可能だと考え、自説を展開してゆく。

果たして日本語のジャーナリズムは可能なのか、不可能なのか。次章では本多の森批判から始まって、その日本語論、ジャーナリズム論を検証してゆきたい。

3

論理的なのか、非文法的なのか

——本多勝一の日本語論

『日本語の作文技術』は教科書

本多勝一の著書『日本語の作文技術』（朝日文庫、一九七六年）は、筆者のようにジャーナリズム教育にも携わる立場からすると実にありがたい作品である。ジャーナリズム表現の実践を視野にいれて教えているとき、これほど役に立つ日本語論、日本語表現の教科書は他にないからだ。

本多は冒頭の一言をもって自著の性格を端的に示す。「ここで作文を考える場合、対象とする文章はあくまでも実用的なものであって、文学的なものは扱わない」。文学的な文章とは、たとえば詩歌や純文学だ。ゼロから創作される詩歌や純文学の世界では、言葉がすべてであり、いかに卓抜な表現を生み出せるか、いかに魅力的な作品世界が描けるかが競われる。そこで問われる表現のセンスや才能は書き手が生まれながら備えていたり、自らの人生の中で経験的に築き上げてきたものだろう。それは学ぼうと思って学べるものではないし、教えたり、伝授することができない。

それに対して事実的な文章は想像の世界に遊ぶのではなく、現実世界で起きた出来事を伝える。新聞記事（に代表されるジャーナリズム）で使われる文章を典型とする事実的文章は、必ずしも「名文」や「うまい文章」である必要がない。文章をわかりやすく書き、誤解を生じないようにすることがそこで求められる最低限の条件であり、それを実現する技術については学習と伝達が可能だと本多は考える。『日本語の作文技術』は、こうした事実的な文章を作文することに照準を合わせた技術伝授の書なのだ。そこで本多は、誤解されがちな「俗説」を数え上げることから議論を始める。

まずやり玉にあげられるのが「話すように書けばよい」という考え方だ。話し言葉をそのまま反訳して書いたらわかりやすくなるどころか、理解不可能な悪文になる。それを示すべく、セールスマンがある家庭を訪問した際にインターホン越しに対話した（という設定で）言葉を本多はそのまま律儀に書き起こしてみせる。

おはよおございますあれるすかなおはよおございますどおもるすらしいなはいどなたですかあどおもおはよおございますしつれえしますじつわはあじつわわたしこおゆうものなんですが。（『日本語の作文技術』）

話すように書いた文章は、とてもじゃないが読めた代物ではない。それを読解可能にするには発音どおりに書かれた言葉を、漢字かな交じりの言葉に書き換えたり、直接話法を「」に入れたりする操作が必要だと本多は指摘する。以下の話したままを書いているかのような文章は、そうした複数の操作を適用した結果なのであり、実は「話したまま」ではない。

「おはようございます」

（あれ？　留守かな）「おはようございます」

（どうも留守らしいな）

「はい、どなたですか？」

「あ、どうも、おはようございます。失礼します。実は」

「はあ？」

「実はわたしこういうものなのですが」（同前）

次いで「見たままに書け」というのも俗論に過ぎないと書く。「どこでもいいから一秒間だけ眼を開いてみられよ。山の中でもいいし、街頭でもいい。その一秒間に何が見えただろうか。山の中であれば、まず一挙に何百種もの樹木や苔類がとびこんでくる。それらの一枚一枚の葉の形や色、風にそよぐ様子といったこと全部を『見た通り』に書くとしたら、どうなるのか。これは物理的に不可能だ」。実際に書き手は見えているものの中から何かを選び出して書く。「あるひとつの草のことから書きはじめたら、それはすでに筆者が主観的に選択したのであり、筆者の目にうつった無限のことがらに中からひとつだけ強引にとり出したことを意味する」（同前）。

本多とラガナの森有正批判

こうした俗説を示してはバッタバッタと切って捨ててみせた後に、退治すべきもうひとつの俗説を本多は挙げる。この俗説こそ本多にしてみれば最も忌むべきものだったのかもしれない。

「日本語は論理的ではない」という俗説もこれに近い種類の妄言であろう。この種の俗説を強化するのに役立っている西欧一辺倒知識人——私は植民地型知識人と呼ぶことにしている——の説を分析してみると、ほとんどの場合、ヨーロッパという一地域にすぎない地方の言葉やものの考え方に拠って日本語をいじっている。極論すれば、メートル法やヤード・ポンド法で日本建築を計測して「これは間尺に合わぬ」と嘆いているのである。こういう馬鹿げた日本語論は、私たち「愛国的」日本人としてはとうてい受け入れがたい。(同前)

そして「この俗論は事実として誤っていることを、私たちの母語を守るために、具体的に示してゆく必要がある」と書く。本多によれば「あらゆる言語は論理的なのであり、

『非論理的言語』というようなものは存在しない。言語というものはいかなる民族のものであろうと、人間の言葉であるかぎり、論理的でなければ基本的に成立できない」のだという。ここで本多が妄言として例示しているのが、前章で取り上げた森有正の日本語論なのだ。そうした自身の主張を支持するかたちで森有正の日本語論を批判したものとして、本多はイタリア系アルゼンチン人で日本滞在の長いドメニコ・ラガナによる論文「日本語は〝非文法的言語〟か」(『日本語とわたし』所収、文藝春秋、一九七五年)をまず引く。

「思想」のバック・ナンバーを書棚から取り出してめくっていると、森有正氏の「経験と思想」と題する論文が私の注意をひいて読んでみた(「思想」一九七一年十月号)。この論文は私に大きな打撃を加えた。というのは、森氏の断定することが事実だとすれば、私などはこれ以上暗中模索しつづけるよりは、日本語でものを書くのを断念した方がいいからだ。森氏はこう言っている。

「フランスの大学生に日本語を教えることは非常に困難である。普通それは記載法の相違、例えばアルファベットの代わりに、シラブルの符号である仮名を使用すること、特に音読み、訓読みという二通りの読み方のある千何百という漢字があること、のせいにされているが、それは決して最大の困難ではない。

私は、一番大きい困難は、日本語は、文法的言語、すなわちそれ自体の中に自己を組織する原理をもっている言語ではない、という事実にあると考えている。」

日本語の記載法はいうまでもなく、非常に複雑である。それにもかかわらず、それは、森氏が指摘するように、外国人にとって一番大きい困難ではないかも知れない。私としては生来、記憶力が弱いので、日本語の記載法に苦労させられるのだが、この点、自分のことを引き合いに出すことは不適当だろう。それはそれとして、「日本語は、文法的言語、すなわちそれ自体の中に自己を組織する原理をもっている言語ではない」ということは事実だろうか。

ろくにテニヲハのつかい方も心得ていない私がこんなことを言うと、あつかましく聞こえるだろうが、森氏の主張は独断のように思われてならない。最大の困難は外国人にとって記載法の相違ではなく、文法の相違である、というくらいのことなら、異議はあるまい。しかし、「日本語は文法的言語、すなわちそれ自体の中に自己を組織する原理をもっている言語ではない」と言われては、納得が行かない。森氏には失礼だが、そのような断定のうらには、日本人をユニークな人間とする心理が働いているように思われてならない。私の考えでは、どの言語でもそれ自体の中に自己を組織する原理、法則をもっていると思う。

こうしたラガナの指摘を踏まえて本多は「まことに『それ自体の中に自己を組織する

原理をもってい』ないのは、森有正氏自身であろう」と書く。自分自身が論理的思考力を持っていないので日本語に論理がないなどと言い出すのだと。

ただ、本多の『日本語の作文技術』の引用箇所のみを読んでいてはわからないのだが、ラガナの森有正批判はこうして一刀両断に切り捨てては惜しい内容を、実は備えていたのだ。少し回り道になるが、それについて書いておく。

森の「現実嵌入」論

ラガナのオリジナルの文章では本多が引用した箇所の後に、もう一度、『経験と思想』から森の言葉を引いている。そこで森は「もちろん現実との関連において、完全に論理的に組織されている言語は存在しないのであるから、これは相対的なことであるかも知れないが、日本語では、その非文法的である度合が甚だしいのである」と述べている。つまり森は「現実との関連において」「論理的に組織される」程度が低いことを「非文法的」としているのだ。ふつう文法といえば言語内部の法則性を指すのであり、そこで言語外の現実との関連は意識されない。もちろん、文法的に正しい文章は現実を正しく表象する役目を果たすのであり、文法概念が現実とまったく無関係だとは言えないが、一般的に「文法」とはまずは言語内的なルールのことを指していると言えるだろう。

その意味で森の文法概念にはやや特異な印象を持つ。それはラガナも気になっていたようで、「森氏はここで言語の論理的研究をさしているのか、文法論的研究をさしているのかわからない」と書いている(「日本語は〝非文法的言語〟か」〔『日本語とわたし』〕)。これは、定義の問題についてあれほど口やかましく議論してきていながら森自身は丁寧な定義なしに「文法」という語彙を使ってしまっている弊害だろう。ラガナは森が文法という概念を引きつつ、言語内的なルールとしての論理性を越えて、より言語哲学的な領域、つまり日本語という言語が現実との関連において論理的な存在でありえるかどうかに向かっている可能性を配慮し、議論を続けている。そこでラガナが注目するのは森が用いた「現実嵌入」という概念である。

森は『経験と思想』の中でこう書いていた。

日本語に規則を樹て、変でない日本語を書きうるようにしようとすると、規則は現実と同じように複雑になり、規則の規則としての特性が失われてしまう恐れがあるのである。助詞は、その数は限定されてはいるが、あるいは独立して、あるいは互に組み合せられて、殆ど無限に複雑で予料できない現実のニュアンスを映す作用をもち、またそういう無限の可能性を含みうるものとしてのみ観念されることができるのである。ただしかし、その「無限の可能性」は「現実」のそれであって、助詞に内在するものではない。助詞はそのもつ方向性のみによって分類されうるもので、その内容としては無限定の現実を映すという規定できない性質をもつのみである。だからそれは、英仏語などにおける前置詞、前置句、あるいは後置詞などと違って、言葉の内部の一部であるよりも、言葉と「現実」とを結びつける紐帯の如きものである、と言った方がよいように思う。しかしこの点は更に詳細に考察する必要があるであろう。しかし、今からすでに言えることは、この紐帯が言葉と現実とを結びつけるものである、ということの意味である。それは、この紐帯によって、現実と言葉とが関係をもつということではない。現実と言葉とは始めから関係していて、それを更めて言うのは無意味である。ここで言う紐帯とは、それによって「現実」が「言葉の世界」に嵌入するという意味である。換言すれば、「現実」が「言葉」の一部になる、ということである。私はそれを日本語における「現実嵌入」と呼びたいと思う。私はこれが、日本語を非文法的言語にしている一番大きい理由であると考えている。

ラガナはこの「現実嵌入」の概念に関心を寄せ、先の引用箇所で森の日本語論について言及した十三年後に刊行された著書『これは日本語か』（河出書房新社、一九八八年）では、かなりの紙幅を割いてそれについての議論を重ねている。

前章で紹介したように森は、語り手から見た語りの受け手、受け手から見た語り手の人間関係が日本語では前提とされており、逆にそうした人間関係を離れては言語行為自体が成立しないと考えた。こうした人間関係が言語の不可分な一部になることを森は「現実嵌入」と呼んでいた。

しかし、ここでも森は誤解を招く発言をしている。ラガナが初めて『経験と思想』について触れ、日本語を非文法的と断じる森の姿勢に「日本人をユニークな人間とする心理が働いている」のを感じると書いていたのを受けて、言語学者の川本茂雄は、森にそのことについて尋ねたのだという。それが前章で引いた雑誌『月刊言語』一九七二年六月号に掲載されていた、川本と森に哲学者・中村雄二郎を交えた座談の場でなされたことであった。川本は後に「日本語の文法の特色」(『日本語講座第一巻・日本語の姿』所収、大修館書店、一九七六年)の中に座談の前後の経緯を含めて書いているので、一部重複するが引いてみよう。

森氏の心中に「日本人をユニークな人間とする心理が働いている」かどうか、わたくしは知らない。ただ、森氏が日本語は文法的言語でないとしたり、「それ自体の中に自己を組織する原理をもっている言語でない」という言葉づかいをすることは、極めて世人の誤解を招きやすい。わたくし自身はその点ははなはだ気がかりなので森氏に氏の真意を質したことがある。森氏の説明の一部を次に引用する。

森　それは、一つ例を引きますと、つまり日本語はその状況とか具体的な環境というものをどけると非常にわかりにくくなる。それ自体では意味が不定になってしまう。たとえば、「さあ、これから何食べましょうか」と、こう言うでしょう。「ぼくはさかなです」。それ自体としては翻訳できないわけですよ。「わたくしはさかなを食べます」という意味なんでしょう。「ぼくはさかなです」、――それを訳すとJe suis un poisson. どこにもそんなものはありませんよね。その場合には、その前に「われわれは何を食べましょうか」という質問があって、それと結び付けないと意味がおかしくなる。

川本　それがたいへん有名な例で、「ぼくはさかなです」とか、「ぼくはおかめだ」とかがありますね――、そばの一種ですね、おかめは。ことに女が言うとおもしろいんですよ、「わたしはおかめだ」というと。それは新しい文法ではかなりよく説明ができるようになっております。完ぺきとは申しませんけど、――そういう文法の説明はまだ生成の途中ですから。……

森　わたくしも、どうもこれは説明できそうだという気はしているんですよ。説明できそうだという気はしているけれども、ただ、学校で教える場合に、具体的に非常に往生しましてね。ことに西洋人の先生が非常におもしろがって、日本語は不思議なことばだ、と言って、「わたしはさかな」というのは「わたしはさかなを食べることにする」という意味だと、非常に神秘的に説明しちゃうわけですよ。ほとんど神秘的としか言えないようなふうに。どうも、その場合、やっぱり、もし文法的な説明ができれば、これがいちばんいいわけなんで、わたくしはどうもそれができそうだという気はしているんですけどね。

ずれていく論点

こうした座談でのやりとりを経て、川本は「それ自体の中に自己を組織する原理をもっている言語でない」と書いた森の真意は「日本語は文法組織・文法体系をもっていない」という意味ではなかったと推測する。「森氏の意味するところは、日本語の文を一つ一つ取り出してみると、それだけでは解釈が不可能ないし困難なことが少なくない、ということだろう。そういうことなら、どの言語にも多かれ少なかれみとめられることである。ただ、そういう種類の文が会話においても文章においても、日本語では目立って頻繁に出現するというのであれば、それはおそらく真実に近い指摘であろう。森氏のアタマにあることがこういう趣旨のことならば、十分に首肯くことができるし、それは日本語の文構造は言語的・言語外的文脈に依存することが大であるということになろう」（同前）。

こうして川本は森の真意を伝えようとするのだが、事態はむしろ悪化する。川本の問いかけに応えて森が座談会で示した「わたしはさかなだ」の事例がひとり歩きし、後世の言葉で言えば「炎上」したからだ。

ラガナも結局は森の日本語評に反発して燃え上がる森批判の一翼に加わり、『これは日本語か』で森の文法論の拙さを指摘する。こうして論点は現実との関連において言語が論理的であるかどうかよりも日本語が文法的かどうかだということになってしまった。


日本語〝非文法性〟を例証するためには、「ぼくはさかなだ」という文をあげるのは、どうみても、適当ではない。

先ず、日本語の文法構造の枠内で考えれば、「ぼくはさかなです」、「ぼくはさかなだ」という文の場合には、文法性の問題はないだろう。

「ぼくはさかなだ」は、よく使われているし、「僕は日本人だ」、「僕は日本人です」と全く同じように、自然な、文法的なパターンなのである。ただ、仏英語などのêtre, be に訳してみると、前者における「です」、「だ」の意味は、二つ、または二つ以上の意味に使われている、多くの語と同様、後者における「です」、「だ」とは違う、ということに気がつくのである。

それについては、外国人学習者のために実用的規則を立てるのは、さほどむずかしくないだろう。森有正は、「ことに西洋人の先生が非常におもしろがって、日本語は不思議なことばだ、と言って」、「非常に神秘的に説明しちゃう」、と主張しているので、そのような、変な西洋人教師もいるようだが、たとえば、次のように説明してもいいのではないだろうか。

一、規則

日本語における「です」、「だ」は、基本的には、「吾輩は猫である」における「である」と同じ意味である。

二、例外

いくつかの例外がある。たとえば、「ぼくはさかなです」、「ぼくはさかなだ」などの場合には、「さかなを」など、目的語の「を」と、「食べる」、「食べることにする」などの意味の動詞を省略して、その代わりに「だ」、「です」が使われている。(『これは日本語か』)

こうして例外を具体的に示すことにより「わたしはさかなだ」は文法的に説明できるのであり、日本語の非文法性の例にはならないとラガナは指摘する。「現実嵌入」についても、「私的二項関係」への言及こそないが、上下の二項関係の中で用いられる敬語について複雑でこそあるが「学習の参考になる規則がある」として非文法性の例に当たらないとする。かつて「森氏はここで言語の論理的研究をさしているのか、文法論的研究をさしているのかわからない」と書いたラガナだったが、ここでは現実嵌入論も含めて文法論の地平で議論を繰り広げようとしている。

日本語がもつ法則

文法上の常識にとらわれず、日本語によりふさわしい新しい文法を提案しようとするラガナの発想は本多にも通じる。それこそ本多の『日本語の作文技術』を成立せしめているものだった。

『日本語の作文技術』が優れているのは、誤読されないために、日本語が内在している法則性を抽出して示したことだ。中でも秀逸だと思うのは、修飾の順序を決定する「技術」とテン（句点）の位置を決める「技術」についてだ。

『日本語の作文技術』の特徴は西欧起源の文法概念を用いないこと。西欧起源の文法観に支配された日本語文法の主流が、たとえば学校文法を非実用的なものにし、森のような植民地型知識人を生み出した。そんな悪しき轍《てつ》を踏んではならない。それぞれの言語にはそれぞれの論理があるのであり、日本語には日本語の論理がある。その論理に迫るには西欧の文法理論から離れた日本語独特の文法が必要だ。そう考える本多は独自の文法論を展開させた日本語学者・三上章の考え方を踏まえる。

三上は主語―述語の構造を基本とする文法概念は日本語に不適と考え、主語の代わりに「主格」という概念を導入、それと並置して「対格」「方向格」といった独特の文法概念を用いた。

本多もそうした考え方を踏まえる。「AがBをCに紹介した」という文章には「が」「に」「を」という三つの格助詞が使われている。三上の概念を用いれば「Aが」が「主格」、「Bを」が「対格」、「Cに」が「方向格」となる。

たとえば英仏語の場合、「主語」が特別な位置づけとなって述語と繋がり、目的語や補語がそうした主従関係に添えられる秩序を持つが、日本語の場合、それぞれの格の間に優劣はなく、対等の資格で述語「紹介した」を補足している。だからこそ「BをAがCに紹介した」「CにBをAが紹介した」等々と語順を自由に入れ替えられる。

しかし、Aはそのままにして、Bを「私が震えるほど大嫌いなB」、Cは「私の親友のC」と変えてみると順序が自由ではなくなる。本多は大学の理系学部出身者らしく、可能な組み合わせを理詰めですべて提示したうえで、どれが読みやすいか読者に問う。

1：Aが私が震えるほど大嫌いなBに私の親友のCを紹介した。
2：Aが私の親友のCを私が震えるほど大嫌いなBに紹介した。
3：私が震えるほど大嫌いなBにAが私の親友のCを紹介した。

4：私が震えるほど大嫌いなBに私の親友のCをAが紹介した。
5：私の親友のCをAが私が震えるほど大嫌いなBに紹介した。
6：私の親友のCを私が震えるほど大嫌いなBにAが紹介した。

音読せずに黙読してもわかるが、もっとも読みやすいのは4だろう。しかし、1から6までは文法的にはどれも正しいにもかかわらず、読みやすさに差が出るのはなぜか。

別の例を引く。今度は「紙」に「白い」「厚手の」「横線の引かれた」の三つの修飾がかかっている。またその組み合わせをひとつひとつ挙げる。

A：白い横線の引かれた厚手の紙
B：厚手の横線の引かれた白い紙
C：白い厚手の横線の引かれた紙
D：横線の引かれた厚手の白い紙
E：横線の引かれた白い厚手の紙
F：厚手の白い横線の引かれた紙

今度も最も読みやすいのはDだろう。

ここでは「白い紙」、「横線の引かれた紙」「厚手の紙」と「紙」にかかる三つの「修飾する―される」関係が成立している。そこで注目すべきは短い修飾語を長い修飾語の前に置くと、修飾語が述語に繋がる関係が見えにくくなり、あとに来る修飾語を修飾するかのように読めてしまうことだ。たとえばAでは「白い」が「紙」にかからずに「白い横線」と読めてしまったり、Bでは現実にはありえないが「厚手の横線」と読めてしまう。こうした誤読が最も少ないのはDであり、要するに長い修飾語を前に、短い修飾語を後ろに置くと、誤読されるリスクが最小となり、同時に最も読みやすい文章になる。

そこで本多は「長い修飾を前に、短い修飾を後ろに」という修飾順序のルールを提示する。英仏語のように語順を規定しない日本語だが、読みやすさ、誤読のされにくさという観点からは修飾に順序を求めるルールがあるのだというのが彼の主張だ。

テンの打ち方についても、こうした修飾順序のルールが応用される。

渡辺刑事は血まみれになって逃げ出した賊を追いかけた。

これも『日本語の作文技術』の中で本多が挙げている例だが、ここでは血まみれになったのが「渡辺刑事」なのか、「賊」なのかがわからない。この文章でも修飾順を考える。述部の「追いかけた」にかかる修飾部に「渡辺刑事は」と「血まみれになって逃げ出した賊」があるのだとすれば、長い修飾部を先行させて「血まみれになって逃げ出した賊を渡辺刑事は追いかけた」としておけば、渡辺刑事が血まみれになってなお賊を追いかけたと読まれる誤読が避けられる。

こうして誤読が少ない修飾順がありながらも、それを採用せず、「渡辺刑事は」と書き始めたがるのは主語が文の先頭に来る西欧語の文法に従おうとするからだと本多は考える。とはいえ、もちろん表現は自由だし、文法的に間違いではないので、「渡辺刑事は」と書き出したい気分を実行する権利も認めてやりたい。しかし、その場合には「渡辺刑事は、血まみれになって逃げ出した賊を追いかけた」とテンを打てと本多は書く。つまり修飾順のルールが守れない場合にテンを打つのだ。

こうした修飾の順序のルール、テンの打ち方のルールを授業で教えたとき、学生がほおっと感嘆の声をあげることがある。彼らも日本語の作文に悩んでいたのだ。しかし学校で習った文法は悩みを解決してくれない。しかし、本多の教えを守れば、確かに読みやすく、誤読されない文章の書き方を身につけることができる。その驚きと喜びが溜息のように漏れる。

こうした修飾の順序やテンの打ち方を一例として、事実的文章で誤解を減らす書き方は可能であり、それを実現するための「文法」を抽出し、作文技術として人に伝授することはできる。『日本語の作文技術』はそれを身を持って実践してみせる著作であり、本多は日本語における事実的な文章の作文可能性――それはひいてはジャーナリズムの可能性でもあるのだが――を疑っていないように思える。

「わたしはさかなだ」を説明する

しかし、こうした積み上げの結果、森有正の日本語論は今や完全に否定されたのだろうか。

物議をかもした「わたしはさかなだ」の発言だが、その震源地となった川本らとの座談では川本が「新しい文法ではかなりよく説明ができるようになって」いることを示したのに対して、森も「わたくしも、どうもこれは説明できそうだという気はしているんですよ」と答えている(ちょっと調子が良すぎるやりとりではあるが。この人の会話レベルでの軽さはいったいなんなのだろう)。

実際、森の予感通りに、奥津敬一郎は「わたしはさかなだ」を「ボクハウナギダ」と内容を変えたうえで、チョムスキーによって着手された、深層構造から表層の言語表現が生成されると考える変形生成文法理論を用い、「述語代用論」でその変則表現の成立について説明してみせた。奥津にいわせれば「ウナギダ」の「ダ」は意味的に曖昧で、どのような述語でも代用ができる。本来であれば「ぼくはうなぎが食べたい」というところを同じ深層構造をもつ表現である「ぼくはうなぎだ」で代用できるとする。ラガナの例外説と通じるものがあるが、こちらは例外ではなく、あくまでも生成文法理論の中に一般論として「ぼくはうなぎだ」を収めようとする。

一方でカナダで日本語教育に当たる金谷武洋は、本多同様に三上章の日本語論を高く評価し、助詞「は」が、他の格助詞「が」「を」「に」と異なり、「文を切り、文の外に立つ」「スーパー助詞」なのだと考える（『日本語に主語はいらない』講談社選書メチエ、二〇〇二年）。

たとえば「吾輩は猫である」の「は」は小説冒頭の文章の外に立ち、「名前はまだない」「どこで生まれたか頓と見当がつかぬ」……と次々に後続の文章にかかってゆく。それに対して「ぼくは、うなぎだ」の「は」は文章を切っている。というのも注文の際に店員や一緒に店にいた仲間と交わす対話は「うなぎだ」だけで成立する。日本語に主語は必要なく、名詞プラス終助詞「だ」で不足なく完結すると金谷は考える。そうした完成した文の前に、発言者が名乗り出るかたちで「ぼくは」が添えられている。「は」は名乗りでた一人称の自称語を後続の文章と切り離す役目を果たしていると考えている。

森の解釈の致命的な過ちは「AはB（だ）」という日本語の構文を「A is B」つま

り「AイコールB」と訳していることだ。これはとんでもない初歩的な間違いである。森には，スーパー助詞の「は」の「文を切り、文の外に立つ」働きがまったく理解できていないことが分かる。

「ぼくは、うなぎだ」を例にとれば，「ぼくは」で文が切れている。主題「ぼくは」がまず聞き手の注目を集めておき，基本文である名詞文「うなぎだ」を添えたものに過ぎない。英文で言えば（As）for me, it is eel. であって I am eel. ではなく、仏文で言えば Moi, c'est l'anguille. であって Je suis l'anguille. ではない。だとしたら「ぼくは、うなぎだ」という文の一体どこに問題があると言うのだろう。これまた、助詞「は」の働きを過小評価したところから来る疑似問題である。（『日本語に主語はいらない』）

解けない疑問、二項対立

しかし、こうした議論が「わたしはさかなだ」論争を収束させられたとしても、「は」論のすべてを解決するものではないだろう。森が『経験と思想』の中に以下のように書いていたことは前章で紹介した。ここでも「は」と「が」の違いについての言及があったのだ。繰り返しになるが改めて引いてみる。

〝Le cheval court.〟という仏文を日本語にする場合、「馬は走る」という風に「馬」を主格にし、それに動詞「走る」を加えてみても、文法的には全く正しいけれども、日本語としてはどうしても変である。……勿論「馬が走る」と言うことはできる。しかしそれはもう明らかに〝Le cheval court.〟の訳ではなく〝Un cheval court.〟の訳であり、現実との関連はずっと密接である。それは一頭の馬が走っている光景と結びつく文章であって、現実が文章の中にその影を明らかに落としている。（出発点「日本人とその経験（b）」『経験と思想』）

「馬は走る」という、馬という生物の属性を普遍的に定義するような表現が日本語では〝座り〟が悪いと森は考える。こうした事態を指して、日本語では三人称の命題が立てられないと森は評したのであり、それが「日本語では現実との関連において論理を組織できない」と書いた所以であった。日本語は論理的な命題を作れないことこそ森にとっては重大な問題なのであり、文法的な説明がどこまでできるかを気にしていたわけではなかったのだ。

〝Le cheval court.〟は、具体的にある馬が走っている現実の光景をそのままそれとして描く「馬が走る」と訳せば座りがよくなる。そして日常の表現行為の中で「馬が走る」は

「私は『馬が走っている』のを見た」というかたちで、一人称の語り手を前提として述べられ、その語り手からみた聞き手の社会的位置づけを踏まえて、語尾を「見ました」「見た」「拝見しました」と変化させる。

こうして表現が「汝─汝」の二項関係の文脈の中に回収されてしまうことこそが、森の「現実嵌入」論の核心部分であった。そうした回収があるからこそ日本語は論理的な命題を立てられないと森は考えたのだ。

「わたしはさかなだ」は文法的に説明できるとして森の「日本語＝非文法的」説に批判的であった日本語学者たちも（その語自体を引いて明示的に語ってはいないが）、こちらの現実嵌入論の内容面に関してはおおむね肯定的であるように思われる。

たとえば先に引いた金谷は『日本語は敬語があって主語がない──「地上の視点」の日本文化論』（光文社新書、二〇一〇年）の中でこう書いている。

日本語をよく観察すると、日本人が、いかに「対話の場」を大切にする民族かということに驚かざるをえません。

〈話し手〉である自分がいて、自分の前に〈聞き手〉がいます。〈聞き手〉は二人以上のこともありますが一人のことが多いのでしょう。ここで大切なのは、日本語の場合は、この「対話の場」に〈話し手〉と〈聞き手〉が一体となって溶け込むということです。

これは互いを「汝にとっての汝」として反照させあう「私的二項関係」が言語行為の前提とされ、現実が言語表現に嵌入すると考えた森有正を繰り返す指摘ではないか。

こうして日本語が現実嵌入的であるのに対して西洋語は異なると金谷は書く。

英語をその典型とする近代西洋語はこれと実に対照的です。〈話し手〉は「対話の場」から我が身を引き離して、上空から〈話し手〉と〈聞き手〉の両方を見下ろすような視線を持つように私には思えます。(同前)

神の視点

こうした違いは表現にどのように現れるか。

たとえば「愛している」は、英語であればI love youだ。動詞Verbであるloveを挟んで主語Subjectである「話し手＝I」と目的語Objectである「聞き手＝you」が繋がるSVO形式となる。ここで話し手が聞き手だけでなく、話し手自身をも上空から見下ろしているという指摘は興味深い。loveという行為動詞を本当に実践しているか、言葉に忠実であるか、自分自身を裁く視点を話し手自身が内在させているのだ。だからこそ、私は、あなたを、愛していると人称を言葉に明示して述べなければならない。それは愛をめぐる誓いの言葉なのであり、言葉への誠実さを話し手自身の良心が監視しているのだ。

これに対して日本語は、特に話し手、聞き手の存在を表面に出さずとも「愛している」と言えば通じる。もちろん日本語であっても、相手の本心を確かめる必要が生じることはあるだろう、もしも「聞き手」が「話し手」に改めて確認を求めたらどうなるか。金谷はこう書いている。

「誰が好きなの？」と、お茶目でいじわるな質問をされたら、「僕が、君が、好きなんだよ」と答えることすらできるのです。

英語とずいぶん違うと思いませんか。つまり日本語では「好いている僕」と「好かれている君」の両方に「僕が好き」「君が好き」と同じ格助詞「が」がつくのです。

（同前）

つまり「好き」という状態にあることを示している内容の述部を「僕が」も「君が」も対等に修飾するという、SVO形式がどうしたという類の分類法では説明できない「日本語の法則性」が示される。

そして金谷は、対話から身を引いて上空から見ているもう一人(?)の「話し手」の位置について書き始め、それが「神の視点」に通じることを述べる。

カナダに長年住んでいて私が恐いと思うものがあるとすれば、それは何よりも、状況を上空の高みから見下ろす「神の視点」です。

多くの場合、その視点はキリスト教という「一神教」と手を組んで「神に守られた正義」の主張となります。西洋の思想哲学論理に宗教が大きな影響を及ぼしているのは当然のことですが、宗教と並んで、他動詞構文SVOを最も当たり前とする言語構造も、その母語話者の発想や行動に影響を与えていると私は思えてなりません。他の要素との関係で自分をとらえるのではなく、状況から切り離した絶対的な「私」を考える傾向が英語話者に大変強いのもこのためと思えます。……

こういった上空からの「神の視点」の反対が、日本語話者の持つ視点です。『雪国』の主人公の目線で、英語のようにあたかもカメラで瞬時をとらえて撮影するのではなく、ビデオで撮りながら動くのが「地上の視点」です。それが「対話の場」にあり、そこには〈話し手〉と同じ方向を見つめる視線を持つ〈聞き手〉がいます。(同前)

この金谷の「神の視点」への畏怖の感覚は、一九五〇年に森有正が初めてフランスへ留学したときに感じた恐れの感覚と底流において通じるようにも思う。欧州に向かう船に乗った時点での森は自分の留学に大して期待していなかったという。

僅か一年間しかないのであるし、語学の方面でも四十近くなっている私が一年間フランスにいても、それほど進歩しようとは思わなかった。私はそれでこの留学では、日本ですでにほぼ纏め上げたパスカル研究の若干の点について、かの地の学者にただすこと、段々はじめようとしていたデカルト研究の中心的テーマをきめること、この二つのことだけをして、あとは気楽に見物して帰って来るつもりであった。（「文化の根というものについて」『旅の空の下で』筑摩書房、一九六九年）。

しかしヨーロッパ大陸に上陸し、パリに着くと考えが一変した。もはや後戻りが効かない場所に来てしまったことを森は恐怖とともに感じる。

僕の感じた恐怖をもう少し分析してみると、パリには僕にとって何かどうにもならない、密度の高い、硬質のものがある、という感じだった。（『バビロンの流れのほとりにて』）

キリスト教の家に育った森だが、本当のキリスト教との出会いはヨーロッパに赴かなければありえなかった。パリに着いた森が感じた硬質なものとは、神の視点で画然と現実と切り離されて存在する三人称的な論理でもあったのではないか。

事実をよりよく伝える

宗教ということでは、本多にも印象的なエピソードがある。本多は七一年末に朝日新聞の社内紙『えんぴつ』に「『中国の旅』と軍国主義」と題したエッセーを寄稿している（その内容を本多自身が再掲した『諸君！』翌年二月号掲載の「イザヤ・ベンダサン氏への公開状」全文が、イザヤ・ベンダサン＝山本七平『日本教について』〈文藝春秋、一九七二年〉の付録として収録されている）。そこで本多は「以前アラビア遊牧民の取材でサウジアラビアに行ったとき、私は東京モスクで正式にムスリム（回教徒）になってから出発しました。回教圏の中で戒律の最もきびしいワハブ宗のサウジアラビアを取材するに際して、これは有効な手段だったと思います」と書いていた。

このくだりについてイザヤ・ベンダサン＝山本七平はイプセンの戯曲に登場する人物「ペール・ギュント」を引きつつ、問いかけのかたちで厳しい批評を投げかける。

本多様は「ムスリムになって」サウジアラビアに行かれたと書いておられますが、それでは本多様は、（『ニューギニア高地人』取材のときには――引用者注）「ニューギニア高地人が大笑いするような」古い風習、割礼を受けて行かれたのですか？　それとも鬼の大王に婿入りしたときのペール同様、肉体に跡が残ることだけは拒否されたのですか（ペール・ギュントは鬼の大王が出した婿入りの条件のうち目玉に傷をつけることを拒んだ。引用者注）？　そして今でもイスラム教徒なのですか？　ワハブ派の戒律を守っておられるのですか？　それともギュント同様、その国を去るとき、がらくたとともに船から棄てられた（ペール・ギュントは結婚式から花嫁を略奪しておきながら一夜で飽きて打ち捨てている。引用者注）のですか？　イスラム教を棄教する旨はっきりと宣言されましたか？それともずるずるべったりの知らん顔ですか？　そういうことはイスラム教とイスラム教徒を蔑視していることになる、とお考えになったことがありますか？

この改宗の件について、筆者は山本とは違って初めに驚きこそはしたが、そこにジャーナリストの「業」のようなものも感じたのだ。ジャーナリズムとはあらゆる神話的な思考の解体を目指すものであり、いかなる宗教の説明方法に甘んじることがあってはならないはずだ。その意味で本多がイスラム教圏の考え方や習俗を理解するために（自称）改宗という手段を取ったものの、宗教的なものの見方を通じてしか世界と触れられなくなるほどそこに深入りせず、宗教的な超越性について語ることもしなかったのは、軽率なようでいてジャーナリズムの領分を守ろうとする姿勢だったとも考えられる。

本多は神なき世界に留まり、超越的な神を持ち出すことなく、ジャーナリズムを遂行しようとした。そうしたジャーナリズムのありようを考えれば彼の『日本語の作文技術』が、あくまでも「地上の視点」の中にある日本語の論理に基いて「事実的文章」のよりよき伝達を目指そうとしたことも理解できる。

たとえば本多の『事実とは何か』(朝日文庫、一九八四年)というエッセーは、そうした見方を踏まえて読むと一段と興味深い内容である。


ルポルタージュをする者の目から、たとえば戦場のような対象をみるとき、そこには風景として無限の「いわゆる事実」があります。弾丸のとぶ様子、兵隊の戦う様子、その服装の色、顔の表情、草や木や土の色、匂いなど……。ある時間的一瞬におけるひとつの空間、目に見える範囲の世界だけでも、もし克明に事実を描けば何千枚でも書けるでしょう。その土だけとりあげても、色や粒子の大きさ、土壌学的な限りない事実、層の様子。もし昆虫でもいたら、その形態や生態。細菌もいるから、そのすべての事実……。即ち私たちはこの中から選択をどうしてもしなければならない。選択をすれば、もはや客観性は失われます。ランダム抽出をして、兵隊の顔と土壌学的事実を並べても無意味です。この選択が、E＝H＝カーのいう「歴史的意味という点から見た選択の過程」であって、この場合「歴史」を「報道」または「ルポ」と置きかえたものといえましょう。

「見たままに書け」という俗説を否定してみせたときに用いた論法が、ここでは客観的報道の否定から、主観的報道を選ばざるをえない必然性の主張へと繋がってゆく。「そして主観的事実を選ぶ目を支えるもの、問題意識を支えるものの根底は、やはり記者の広い意味でのイデオロギーであり、世界観ではないでしょうか」と本多は書く。ここに客観報道を金科玉条としてきた日本の戦後報道規範の逆転が導かれる。「新聞記者とは、この主観的事実で勝負するものでなければなりますまい。いわゆる客観的事実の記事とは、言いかえれば『掘りさげた取材をしない記事』にすぎず、それはPR記者の記事であります。体制の確認にすぎません」。

客観報道と主観報道

こうした立場を本多はベトナム戦争取材を経て獲得した。本多は、報道が「不偏不党」を言い訳に支配者の暴力を黙認するのではなく、迫害を受け、搾取されている弱者の側に毅然として立ち、ともに支配と戦う論陣を張るべきだと主張するに至る。

こうした本多の主観報道論には賛同者もいる。柳田邦男は「客観報道」が「本来、特定のイデオロギーや個人的意見や誤認情報などが混入するのを避けて、万人の認める〈事実〉の報道に徹しようとするところから出発したもの」であるとし、客観報道を否定まではしないが、「いつの間にか、それが責任回避や事なかれ主義の隠れ蓑として、利用されるようになってしまった」と批判し、そうした悪しき客観報道を乗り越え、特にルポルタージュやノンフィクションと呼ばれるジャンルにおいては、ジャーナリストが主体的に「ものを見る目」を回復することに期待をかける。

ルポルタージュあるいはノンフィクションというものは、「事実をもって語らしめる」ところに、作品の基盤があるわけだが、それは本質的に「客観報道」とは異なるものである。この場合、「事実」とは、記者クラブで発表されるような類のものではなく、書き手と対象とのきわめて個人的なかかわり合いの中から、主体的あるいは主観的な「ものを見る目」によって取捨選択されて、書かれるものである。(「ノンフィクションの可能性」『事実の時代に』新潮文庫、一九八四年)

本多も柳田も生身の人間のものの見方を踏まえる重要性を指摘している。ただし、こうした主観（的）報道の積極的な評価に対しては再批判もありえる。

原寿雄は自然科学的な意味での客観報道は不可能だが、それを努力目標とする必要性を述べる。原に言わせれば主観主義ジャーナリズムは「意志と感情のジャーナリズム」であり、ファシズムの温床にもなりかねない。そこで報道が主観的作業であることを認めつつも、自らの主観的立場をもできるだけクールに客観視することが必要だとする（「客観報道を問い直す」『新聞研究』一九八六年十月号）。

事実、真実、本質

こうしたジャーナリズムにおける主観・客観論争に、本稿で取り上げてきた日本語論は新しい視点を提供できないだろうか。

森は“Le cheval court.”というような客観的事実が日本語では表現できず、話者の目の前で展開されている事実“Un cheval court.”を聞き手に示すことしかできないと考えた。それは逆手を取れば「話者の目の前で展開されている事実“Un cheval court.”」を聞き手に示すことなら日本語でもできるということであり、事実をもって語らせしめるジャーナリズムの使命は最低限果たせることになる。

しかしそれが対話の位相の中でしか表現できないという問題は残る。それについて本多が次のように書いていることは印象的だ。

客観的事実が幻想であるとしても、主観的事実、即ち選ばれた事実は、あくまで「事実」であって、その限りではウソではありません。またウソであってはならないのです。ウソを基礎にしたものは、事実によって復讐されます。

事実と関連して、よく「真実」という言葉が使われることがあります。真実とはなんでしょうか。ひとつの実例を、ベトナム戦争の中から拾ってみましょう。

さる五月のはじめ（一九六八年）の解放戦線による第二次大攻勢のとき、サイゴン市内でアメリカ人など四人の記者が、ジープに乗って取材中に射殺されました。一人だけ生き残ったオーストラリア人記者によると、この犯人は解放戦線であって、新聞記者と知りながら意図的にやったものだと証言しています。ところがまもなく、ハノイ放送を通じて「あれはサイゴン政府軍がやったものだ」という解放戦線側の報道が伝えられました。これはいったい、どちらが本当か？

このようなときに「真実はどちらか」というような表現がとられるようです。（「事実と『真実』と真理と本質」『事実とは何か』）

こうして「真実」という概念を持ち出す表現を本多は批判する。「このような形で使われている『真実』という言葉は、多分に情緒的な、あいまいな感をまぬかれません」と書く。

「ついに真実が勝った」というとき、それは「本当のことが勝った」という意味だと思うのですが、それならば「ついに事実が勝った」と言えばよいのです。でなければ、ウソの真実ということも考えられることになります。つまり、いわゆる真実とは「正確な事実」にすぎないのではないか。玉ネギみたいなもので、第一の事実、第二の事実……と皮をめくってゆき、最期の芯が「正確な事実」になるのではありませんか。

（同前）

この指摘は事実が常に主観的でしかないこと、森の言い方にならえば私的二項関係の中でしか言及されないことを所与の現実として受け止めつつ、その欠点を補完しようとしている。「事実を選ぶ目を支えているのは広い意味での記者のイデオロギーであり、世界観でしかない」以上、そこには主観的な見誤りがありえる。だからこそ第二の事実、第三の事実と事実を積み上げて検証を重ねてゆくべきなのだと本多は考えた。こうして可謬主義的なプロセスを、本多は自らを含めたジャーナリストに求めている。これこそ原寿雄が指摘した「報道が主観的作業であることを認めつつも、自らの主観的立場をもできるだけクールに客観視する」姿勢なのではないか。

しかし、こうして「真実」という言葉を情緒的であいまいだと退けた本多が別の概念を用いる。

さきにあげたサイゴンの事件について、仮にある記者が徹底的に調査した末、ついに「正確な事実」として解放戦線が記者を誤って（米兵と思って）攻撃したことがわかったとします。この事実を、もしその記者が大きくとりあげて「ベトコンの無差別攻撃」と書いた場合、この記者は「事実」を書いたとしても大きな誤ちを犯していることになります。一方で米軍が意図的な無差別攻撃を、連日、限りなく続けている事実との比重から考えても誤っていますが、それ以上に、ベトナムの国土を米軍が侵略しているという「本質」の上に立った記事ではないからです。「解放戦線にも誤射はある」という程度の事件であって、本質とは関係ありません。（同前）

そして「事実」に対して「真実」を対置する図式を否定した本多は、「事実によって本質を描け」と書く。しかし、筆者は「真実」と「本質」の二語に本多が期待するほどの違いを感じない。逆に本多が「本質」の語をこうしたかたちで提示したことについて、語感に頼る「本多らしからぬ」ものをむしろ感じてしまう。

もしも神の視点から見下ろすのであれば（そんなことがもしも可能なのだとしたら）、事実を積み上げた先に「本質」を見抜くこともできるのかもしれない。しかし現実の人間関係が前提とされる（神の視点なき）現実嵌入的な日本語の世界では、「真実」が恣意的で曖昧であることが避けられないのと同じく、「本質」も恣意的で曖昧にならざるをえないように思う。そこで「真実」を「本質」と言い換えてもさして意味はないのではないか。「ベトナムの国土を米軍が侵略している」は「本質」ではなく、数多くの事実から実証的に帰納されるべき「事実」でしかない。「事実」を求め続けることを止めて提示された「本質」は「記者のイデオロギーであり、世界観」の反映でしかなく、そこで事実の検証を終えてしまえばジャーナリズムは事実を伝えるという自らの使命を否定することになるのだろう。

誤りの可能性が常にあることをあらかじめ認め、もし誤った場合には速やかに訂正することを信条とする可謬主義はあらゆるジャーナリズムに求められることだが、私的二項関係に回収されずには表現自体が成り立たず、人間関係の中に事実を位置づける日本語を用いて展開されるジャーナリズムに対しては、なおさら「可謬主義的であれ」とする要請は強くなるはずだ。一神教の神を得る前のギリシャ時代の神話には永遠に石を山頂に運び上げるシジフォスの物語がある。「神なき国」日本のジャーナリズムも同じく事実を積み上げ続けることが厳しく求められているのではないか。常に検証を続けよ。さもないと事実は具体的な人間関係の中で私有されて、公共的なジャーナリズムが成立しなくなるのだから――。森有正の日本語論と接続されたジャーナリズム論は、そうした警句を導くと考えられないだろうか。

次章はジャーナリズムにおける日本語の適性についてさらに考えを深めるために、丸山真男の日本語論と、丸山が再評価した荻生徂徠の日本語論を取り上げてみたい。

4

「である」ことと「する」こと

——佐野眞一、丸山真男、荻生徂徠

ノンフィクション作家の佐野眞一は、『私の体験的ノンフィクション術』（集英社新書、二〇〇一年）の中にこう書いている。

ノンフィクションとは何か。そう尋ねられたとき、私は次のように答えることにしている。

ノンフィクションとは、固有名詞と動詞の文芸である。形容詞や副詞の修辞句は「腐る」が、固有名詞と動詞は人間がこの世に存在する限り、「腐らない」。いいかえれば、固有名詞と動詞こそが、人類の「基本動作」であり、「歴史」である。

彼の言わんとすることは理解できる。

形容詞や副詞は主観的に添えられる場合が多く、見る人が変われば言葉使いも変わる可能性があって、あてにならない。それが佐野の用いた「腐る」という表現の含意だろう。その点、固有名詞と動詞は事実を伝える文章の骨格を形成するのであり、語り手が変わり、時代や価値観が変わっても変わらずに残る。それはその通りだ。

とはいえ固有名詞と動詞が骨格をなしているという、佐野の主張の前段に関しては、なにも「ノンフィクション」に限定する必要もないだろう。ノンフィクションを書く場合に限らず、ジャーナリズム活動一般において、語り手が変わったり、時が過ぎてしまうと

「腐」ってしまったりするような表現では使いものにならない。「何が」（固有名詞）「どうした」（動詞）という基本骨格をもった事実は、誰が見ても同じだし、時を経て品質が変わるようなものではないはずだ。

しかし、問題は、こうした佐野の指摘が、どのような言語にも適用可能かということだ。私たちもまたジャーナリズムと言語について考えてきたが、議論はもっぱら「ジャーナリズムと日本語」という限定の中で繰り広げられてきた。日本語に特有な言語構造が、ジャーナリズムの営みを困難にしているのではないか。それが本書で検討してきた問題である。

佐野の指摘をそうした問題系の中に移してみると、日本語のジャーナリズムにおいて固有名詞と動詞は、きちんと事実を伝える上でそれぞれの役割をそもそも果たしているのかという問題にシフトしてゆく。そして、その問題は日本語において固有名詞と動詞に特殊な位置づけがないか確かめる作業への遡行を要請することになる。それについて考えることが、佐野の投げたボールを私たちなりに受け止め、投げ返すことになるだろう。

「する」型社会となっているか

まず固有名詞について、それに「氏」の敬称をつけて記すか、敬称略とするかの違いが日本語で重要な意味を持ってしまうことに本書第一章で触れた。それも森有正のいう言語表現の位相へ現実が嵌入する一例なのだが、そうである以上、ノンフィクションを日本語で書く著者は、固有名詞を用いるたびにそうした現実の嵌入した人間関係の文脈の中に入らざるをえない。となると固有名詞さえも日本語では人間関係が変われば「腐ってしまう」ものにならないか。それは佐野に対するまず最初の疑問だ。

ただ本章ではこうした固有名詞ではなく、動詞の側についてもっぱら議論してゆきたい。丸山真男に「『である』ことと『する』こと」という作品がある。一九五八年十月に岩波文化講演会で話した内容を元に『毎日新聞』一九五九年一月九日から十二日付に連載。それをさらに改稿したものが『日本の思想』(岩波新書、一九六一年)に収められた。講演がなされたのは六〇年安保改定に向けて反対の論調が徐々に高まっていた時期で、戦後民主主義のイデオローグとしての丸山の存在感が強まってゆく中で新聞に掲載されている。そして新書になったのは反対運動が結局安保改定を阻止できなかった後の時期だ。

こうして六〇年安保改定をまたぐ形で刊行されることになった論考だが、民主化志向の強かった頃の学校教科書には何度も採用されて来たので、学校で読んだという人も多いはずだ。

書き出しは法学者・末広厳太郎の話から始まる。

学生時代に末弘（厳太郎）先生から民法の講義をきいたとき「時効」という制度について次のように説明されたのを覚えています。金を借りて催促されないのをいいことにして、ネコババをきめこむ不心得者がトクをして、気の弱い善人の貸し手が結局損をするという結果になるのはずいぶん不人情な話のように思われるけれども、この規定の根拠には、権利の上に長くねむっている者は民法の保護に値しないという趣旨も含まれている、というお話だったのです。この説明に私はなるほどと思うと同時に「権利の上にねむる者」という言葉が妙に強く印象に残りました。いま考えてみると、請求するという行為によって時効を中断しない限り、たんに自分は債権者であるという位置に安住していると、ついには債権を喪失するというロジックのなかには、一民法の法理にとどまらないきわめて重大な意味がひそんでいるように思われます。

丸山は、ここで傍点を打った「する」と「である」を軸として議論を繰り広げる。「する」とはいわば行為全般を意味しているのであり、それに対して「である」は状態を示すといってよい。

「プディングの味は食べてみなければわからない」という有名な言葉がありますが、プディングのなかに、いわばその「属性」として味が内在していると考えるか、それとも食べるという現実の行為を通じて、美味かどうかがそのつど検証されると考えるかは、およそ社会組織や人間関係や制度の価値を判定する際の二つの極を形成する考え方だと思います。(同前)

丸山に言わせれば欧米の近代社会とはプディングの味を食べるという現実の行為を通じて、美味かどうかそのつど判定する社会だ。権威を内在させていた神と王を駆逐して、自分たちの中から代表者を選んで権力を与えた社会では、そうした代表者の実力なり思惑なりは常に吟味されなければならない。この場合、「時効」の概念は代表者に定められた任期に該当し、任期が満了するときに(あるいはその前であっても)必要と判断されれば、そうした吟味が実施される。そしてその結果、権力の座にふさわしくないと判定されれば、新しい代表者に地位を譲らなければならないのだ。丸山はこう言葉を続ける。

身分社会を打破し、概念実在論を唯名論に転回させ、あらゆるドグマを実験のふるいにかけ、政治・経済・文化などいろいろな領域で「先天的」に通用していた権威にたいして、現実的な機能と効用を「問う」近代精神のダイナミックスは、まさに右のような「である」論理・「である」価値から「する」論理・「する」価値への相対的な重点の移動によって生まれたものです。もしハムレット時代の人間にとって"to be or not to be”が最大の問題であったとするならば、近代社会の人間はむしろ”to do or not to do”という問いがますます大きな関心事になってきたといえるでしょう。

(同前)

こうして近代化とは「である」型の社会から「する」型社会への転換であるという一般論を述べた上で、丸山は日本社会が近代化を遂げたといわれつつも、そうした流れを追随し得ていなかったのではないかと考える。

政治において、「する」原理を適用するならば、それは指導者の側についていえば、人民と社会に不断にサービスを提供する用意であり、人民の側からは指導者の権力乱用をつねに監視し、その業績を絶えずテストする姿勢をととのえているということになるわけです。私たちの国の政治がどこまで民主化されているかを、制度の建て前が民主主義であるということからでなしに、右のような基準で測ってみたらどうでしょうか。現在何に貢献しているか、いかに有効に仕事をしているかにかかわりなく、ただコネとか資金の関係で、または長く支配的地位についていたとか、過去に功績があったとかいうことで、政治的ポストを保っている指導者が大は一国の政治家から、小は村のボスまで、右は自民党から左は共産党まで、どんなにうようよしていることか。派閥とか情実の横行ということも、つまりは「『する』こと」の必要に応じて随時に人間関係が結ばれ解かれる代りに、特殊な人間関係それ自体が価値化されるところから発生してくるものなのです。

けれども政治における「である」価値の執拗な居すわりは、たんにこうしただれの目にも明らかな現象だけにあるのではないでしょう。むしろそれは、人々の意識に容易にのぼらない政治的なものの考え方のなかに、至るところに根を張っているものなのです。(同前)

こうして出生や家柄や年齢が決定的な役割を担う身分社会だった徳川時代の臍《へそ》の緒がいまだ切れないままの状態に居すわる日本社会に、丸山は近代化の未成熟を見る。

早すぎた近代人、荻生徂徠

たとえば丸山の名を広く知らせることになった代表作『日本政治思想史研究』(東京大学出版会、一九五二年)で、江戸時代の古文辞学派の儒学者・荻生徂徠を彼が高く評価していたのは有名だ。丸山は徂徠について、徳川時代を支配していた「社会関係を『自然』に基底づける朱子学的思惟」の中に颯爽と登場し、「人格的実存による『作為』を重んじた」

一種の特異点的存在と考えた。

丸山にしてみれば徂徠は与えられた「である」状態や先験的な既得権の上にねむらず、「作為＝する」論理を政治の原理とした「早過ぎた本格的西欧的な近代人」であり、江戸時代にいながらにして近代的な「する」社会になりきれていない後世の近代日本社会を追い越していたと考えられている。

こうした丸山の徂徠観に対しては批判もある。たとえば子安宣邦は『「事件」としての徂徠学』（青土社、一九九〇年。のちに筑摩学芸文庫、二〇〇〇年）の中で『日本政治思想史研究』の提示する徂徠像が「思想史」の虚像であること、あるいは「思想史」という虚構であることを、私はあらわにしようとした」と書く。

確かに徂徠には中世的な自然法的秩序思想から社会契約説的な作為論への転換がある。しかし徂徠の「作為」とは「先王の道」への回帰、実践の行為であり、その「先王」は丸山の考えるような「無からの創始者、決断者として人間の歴史に超越的に外在する」西洋の神のような存在ではない。先王とは堯《ぎょう》・舜《しゅん》という古代の王なのだ。彼らは日本で言えば天照のように後世の史的考証に耐えないという意味では確かに神話的な伝説上の存在ではあるが、伝承のうえでは系譜が描かれ、中国民族の始祖に位置づけられていたという意味では、西洋の神のように超越的な存在ではない。

そうした先王を、たとえばカルヴィニズムの神と無理に同一視するところから丸山の徂徠学は始まっており、それは思想の歴史を「物語」として読む虚構なのだと子安は批判する。

この議論が厄介なのは丸山自身も暗に子安の批判を認めているところがあるからだ。『日本政治思想史研究』の新装版（東京大学出版会、一九八三年）に収録された「英語版への著者の序文」で丸山は、その執筆に際して戦時中にやかましかった「近代の超克」論への反感が踏まえられていたことを記している。

「近代の超克」論とは、雑誌『文学界』がその特集のために企画し、一九四二年七月二十三、二十四日に開催された座談会で繰り広げられた議論をさす。その席では出席者があらかじめ論文を提出してそれを手がかりに議論がなされ、提出された論文は『文学界』の同年九、十月号に分載された。座談会の方は「文化総合会議」という名称がつけられ、その内容が十月号に掲載された。『文学界』同人だった河上徹太郎、亀井勝一郎、小林秀雄の他、西谷啓治、下村寅次郎といったいわゆる京都学派の哲学者や、歴史家・鈴木成高など十三人が招かれた座談会は、それぞれの専攻が多岐に及んでいたせいもあってまとまりに乏しく、放談会のような内容であったが、それを契機に「近代の超克」という言葉が一人歩きし、太平洋戦争を正当化するスローガンとなった。竹内好は「『近代の超克』というのは、戦争中の日本の知識人をとらえた流行語のひとつであった。あるいはマジナイ言葉のひとつであった。『近代の超克』は『大東亜戦争』と結びついてシンボルの役目を

果たした」と書いている。（『近代の超克』筑摩書房、一九八三年）

丸山も竹内と同じく、「近代の超克」論が「軍部・〈革新官僚〉・反議会主義政治家だけでなく、左翼からの転向した知識人たちによってリードされ」、彼らは「『近代』の病理が明治維新以後の日本のあらゆる領域に浸潤し、知識人社会がその病患に蝕まれている」と主張していたと新装版序文で書いている。そして、軍部の実力を背景にしてなされたこうした主張に対して、多くの知識人は忍従を強いられたが、中には密かに抵抗をするケースもあった。丸山によれば一九四〇年代のはじめに用意された自分自身の『日本政治思想史研究』もそうした密かな抵抗の一例なのであり、その「第一・第二章において、徳川時代における近代的思考様式の成熟とその程度を測ることを一つの共通した主題とした基底には、『近代の超克』論にたいし、私自身の専門領域において対抗する、という純粋にアカデミックな関心を超えた動機が横たわっていた」と書いている。

要するに明治維新前にも近代化の萌芽はあった。しかし、その近代化の流れは国学の台頭によって前近代的な方向に逆転させられて明治に至るのであって、明治維新から近代化が始まったとする「近代の超克」論の単純な歴史観ではまともな議論が不可能であることを丸山は示したかったというのだ。

「近代の超克」論を唱える時世が間違っているとまではっきりとは丸山もいわない。そこまでいえば、転向せず、あくまでも反体制的でありつづけた左翼のように危険人物視されるだろう。近代の超克論の近代観には学問的に粗雑な面がある。そう指摘することが学徒としての丸山が精一杯できた現状批判であった。

ずいぶんと控えめな印象もあるが、当時の情勢を知らずに軽々と批判めいたことを言うべきではないだろう。ただ、ひとつ注目すべきは、『日本政治思想史研究』が、純粋に学術的な志向に導かれた学術研究ではなかったという事実。それを丸山自身も戦後になって認め、告白していることだ。それは、いわば「ためにする」議論だったのであり、学術以外の目的のために徂徠が引かれ、学術的な関心を超え、密かな政治批判のためにその近代人としての位置づけがなされていたと考えれば、丸山はそれを書きながら、子安の批判を後世に受けることをあらかじめ覚悟していたとも考えられる。

荻生徂徠の言語観

しかし、丸山が徂徠を引っ張りだしてくれたおかげで、そこから広がる議論の可能性がある。徂徠は先王の道を実践する「作為」を強調するだけでなく、もうひとつ実践したことがあった。それは中国語で書かれた儒教や中国史書を日本語で読み下すことへの拒否だ。

一六九二年に門人によって口述が筆記され、徂徠の名を世間に知らしめる最初の文献となった『訳文筌蹄《せんてい》』の中にこんな一節がある。

此の方の学者、方言を以て書を讀み、號して和訓と曰ふ。諸を訓詁の議に取れり。但だ此の方には自ら此の方の言語あり、中華には自ら中華の言語有り。體質本より殊なり、何に由りて脗合せん。是れを以て和訓廻環の讀み、通ずべきが若しと雖も、實は牽強たり。

徂徠は「華語」と「方言」、つまり今風にいえば「中国語」と「日本語」の差を本質的なものとみなしていた。そして漢字を適当に繋ぎ合わせ、順序を逆転させたりしながら中国語を日本語化して読んでしまう方法（徂徠は和訓廻環と呼ぶ――）、つまりいわゆる漢文読解は、一見、意味が通じているように思えても、強引に原典を歪める作業となると考えた。

そんな徂徠は中国語文献に対して中国本来の音＝華音による読解と、中国語＝華語それ自体による解釈を理想とする華音・華語主義を主張するようになり、長崎にあって中国語に通じていた石原鼎庵《ていあん》に学んだ安藤東野《とうや》が自らの弟子に加わったことから自分でも華音・華語を学び、華音・華語主義を机上の論理に留めずに実践し始める。先王の道を説く原典そのものに回帰せよと求める彼の古文辞学は、こうした華音・華語主義を基礎に踏まえるものであった。

徂徠は、なぜそこまで和訓廻環を否定するに至ったのか。同じく『訳文筌蹄』の中でこう述べられている。

其の、正訓の外、字ごとに必ず轉聲を加へて、然して後に讀むべきときは、則ち此の方助聲を用ゐること彼よりも多きことを知るなり。其の、「於、也、矣、焉」の類、方言の訓ずべきもの無くして、而も此の方の助聲も亦た文字有ること莫きときは、則ち彼此の語脈、文勢轉折の則、自ら殊なることを知るなり。

漢文読みをするとき、中国語を日本語に変換するために漢字の順を入れ替え、さらに助聲=助詞、副詞を加える。漢文の教科書ではテキストの漢字の脇に読順を示す「レ点」や「一、二点」と並んでカタカナで助詞・副詞を書き加えてあったことを思いだせばいい。

しかし逆に「於、也、矣、焉」といった中国語の助聲はうまく日本語にならない場合は省略される。徂徠はこうした作業の過程で原典にあったのに日本語化で失われる意味と、原典になかったのに加えられてしまう意味があると考えた。徂徠の華音・華語主義は単なる原典礼賛主義ではなく、中国語と日本語の構文上の相違と意味論を結び付けた比較言語論的な発想を備えたものだったのだ。

『「する」と「なる」の言語学』

徂徠が丸山のいうような近代人であったかは別として、彼の言語観は確かに近代言語学を先駆けるものだったといえるかもしれない。

たとえば言語学者・池上嘉彦に「〈する〉的な言語と〈なる〉的な言語」という論文がある（『「する」と「なる」の言語学』所収、大修館書店、一九八一年）。

例えば英語と日本語を比較してみた場合、そこにいくつかのかなり際立った対立的な特徴を見てとることができる。以下にそのような特徴のいくつかのうち、特に一般的な意味合いを有すると思われるものを取り上げてみたい。

ひとつの顕著な特徴は、英語ではgoやcomeなどの基本的な運動の動詞がその本来の〈場所の変化〉を指す場合から〈状態の変化〉を表すのによく転用されるということである。

池上は"The vase went to piece.", "John went to crazy."といった文例を挙げ、それらが日本語では英語と同じように「行ク」「来ル」を使って直訳できず、多くの場合、「ナル」に言い換えられること、つまり「花ビンはコナゴナニ行ッタ」「ジョンハ気狂イニ行ッタ」とは言えず、「花ビンはコナゴナニナッタ」「ジョンハ気狂イニナッタ」と言わざるを得ないことを指摘する。

逆もまたしかりであり、日本語では〈場所の変化〉を示す場合にも〈状態の変化〉で言い換えられる。「殿様ノオ成リ」「今ハ武蔵ノ国ニナリヌ」というのがその例となる。こうした言い換えは今度は英語では不可能である。

このように代表的な動詞に関して、英語では〈場所の変化〉→〈状態の変化〉、日本語では〈状態の変化〉→〈場所の変化〉という互いに逆方向の転用が見られるのはなぜなのか。

池上はこう考える。

場所を移動するものが不連続な個体ではなく、例えば〈水〉とか〈煙〉のような連続体であったとしよう。この場合は〈変化するもの〉（つまり〈水〉や〈煙〉）自体のある部分をとってみれば、確かに動きは存在する。しかし、それらの部分は他の部分から切り離され独立しているわけではないから、それは対象となっているもの自体の形相的な変化、つまり〈状態の変化〉として受け取ることも十分可能である。そしてさらに、その変化が各部分において一様で、かつ一定の方向性を有しているならば、全体としてそれは一種の恒常性を得ることになり、〈状態の変化〉というよりは一つの〈状態〉として捉えられるということもあろう。……

以上の議論を通じてひとつ言えることは、〈場所の変化〉において、〈変化するもの〉の個体としての独立性（つまり不連続性）が失なわれれば失なわれるほど、その〈変化〉は〈場所の変化〉としてよりも〈状態の変化〉として捉えられるということである。つまり、個体としての独立性が失われれば、それは全体の中に埋没し、われわれの注意は全体像における（状態の）変化という方向へ向けられる。一方、個体としての独立性が明確であれば、われわれの注意はその個体そのものの（場所の）変化という方向へ向けられる。（『「する」と「なる」の言語学』）

この池上の指摘は、日本語が個体の輪郭を明確に分節化しないということを示している。分節化されないひとつ目の構成要素は「目的語」だ。たとえば日本語では「燃やしたけれど燃えなかった」ということが可能だが、英語でI burned it, but it didn't burn. とはいえない。英語のburnは燃やす対象を具体的に持つ他動詞であり、対象に働きかけてその結果までを含意する。「burn＝燃やせ」ば「burned 燃えてしまった」という結果になるのは当然であり、それを「燃やさず」にいることはできないのだ。

それに対して日本語では動詞を結果の達成を含意せずに使える。動詞で示される行為が向けられているものが輪郭の定かでない〈連続体〉ないし〈不特定多数〉であり、行為によって何かを成し遂げ、対象に動きをもたらすことなく動詞が使える。その意味で日本語の動詞は対象に働きかけることの少ない、より自動詞的な性格を帯びることになると池上は考える。

しかし自動詞の行為主体となる主語もそれほど明示的な存在ではない。こうした日本語における主語のあいまいさについては前章でも触れたことだが、池上はこう書いている。


日本語の場合は行為の対象を表わす目的語の表示が義務的でないばかりではなく、行為の主体を表わすはずの主語の表示も義務的ではない。その結果、残るのは動詞だけであり、動詞によって表示される行為そのものが、行為の主体も行為の対象も言わばその中に融解してしまったような形で提示されるということになる。そのような形で提示された行為は、もはや〈行為〉(action, Tätigkeit) と言うよりは（確かに、しばしば言われる通り）〈過程〉(process, Vorgang) とでも呼ぶ方がふさわしいと思われるようなものであろう。（同前）

何かに具体的に働きかける作為としての行為を日本語では示せない。池上は日本語を「なる」言語、英語を「する」言語と呼んでいるが、それは日本が「である」論理と価値観の社会であり、欧米の近代社会が「する」論理と価値観を踏まえた社会だという丸山の二分法をコミュニケーションのレベルで支える二分法となる。

実は「場所の移動」を語らない言語であるという日本語の特性は、徂徠も指摘していたことだった。日本語訳で欠落する「於、也、矣、焉」といった助聲の中には起点、終点など場所の変化を示す品詞が多い。和訓廻環ではこうした場所の変化を訳しきれない。たとえば性（質）を変えるには先王の道に近づけばいい、中国語原典ではシンプルにそう説くが、日本語では心頭滅却すれば己の気質を変えられると考える。それは、「場所の移動」の概念を訳せなかった翻訳上の問題に起因すると徂徠は考えていた。これは「場所の移動」を示さない日本語が「状態の変化」を記述するようになると考えた池上の指摘を先駆けている。

こうして「場所の移動」を表現できない日本語では「作為」を中心に据える思想は展開できない。「なる」言語は「する」表現を好まないのだ。徂徠が日本語から離れようとし、華音・華語主義を唱えたのは言語と思想を架橋して考える思想的必然があった。

行為動詞があてはまらない

日本語が「なる」言語であり、「する」言語でないことは、先に論じた森有正の日本語批判を補完するポイントにもなるかもしれない。たとえば杉本晴生は『森有正――その経験と思想』にこう書いていた。

「馬は走る」という文章が不自然に思われるのも、「は」という係助詞によって陳述される「走る」という動詞が、走るという動作の中に、存在的、状態的な「有る」という要素を、より多く含んでいることに由来するのではなかろうか。すなわち、叙述が動作のみではなく、存在、状態を含み、それが係助詞「は」によって、さらに心理的要素を増幅している。ここに不自然さが生じる。

つまり「走る」が動作よりも「走っている」状態を示してしまうので、「すべての馬は走る」という全称命題としての馬を定義する表現にならず、「その馬は走っている」という特称的な表現になってしまうというわけだ。

一方で「する」言語と聞くと、西洋の言語学をかじってきた筆者はすぐに言語行為論を思い起こす。

言語行為論とはオースティン、サールといったイギリスの分析哲学者たちの間で築きあげられた理論で、「何かを言うことで何かを行う」ことに注目する立場だ。

たとえば聖職者が結婚式で「私は今、あなたがたを夫婦と宣言する」と言うときには、その言葉はただ語られているだけでなく、聖職者の権威をもって結婚を認めるという「行為」になっている。こうして語ることが行為になるような語彙、特に動詞を、言語行為論では行為動詞と呼ぶ。

この言語行為論は、しかし、日本語と日本文化には適応しにくいのではないか。それは池上がいうように日本語が「する」言語ではなく、「なる」言語であるから、そして丸山がいうように日本社会が「する」ことよりも「である」ことに重きを置いているからだ。たとえば日本では選挙時の公約を守らない政治家が多く、それを許しがちな文化がある。要するに言葉でした約束が軽い。それは約束するという動詞が、語ると同時に行為であり、その結果までを含む行為動詞として使われていないからだと考えれば説明可能だ。

こうした言語行為論の成り立たない文化であることは、異文化間コミュニケーションでも齟齬をきたすことが多かった。たとえば「謝罪する apologize」も英語では行為動詞だ。それを用いた言語表現をすること自体が罪を認め、わびるという行為として外に示す結果までを含んでいる。だが、そうした「謝罪する」という言葉も、日本語では「謝罪している心理状態」を示すものになってしまう。心理は内面の現象なので外に示される必要が特にない。何を、誰に「した」ことを謝り、その気持をこめて誰に、何を「する」か、不問にしたまま謝罪の言葉が述べられてしまう。

こうして外部との具体的な関係を行為によって成立させることなしに「謝罪する」という言葉が使えてしまうことが、「する」文化との間の国際的なコミュニケーションでの齟齬をきたすひとつの原因になってきたように思う。

こうして「する」と「である」を巡る丸山真男の議論を、彼が戦時中の己れの潔白を暗示するために利用した荻生徂徠にまで遡って再検討してみた。この議論は、実は第一章で書いたように筆者が荒木亨先生の下を離れ、徳川実学思想が専門の日本思想史学会研究者である源了圓先生の下で徂来を読みながら育んだ大学院時代の経験をベースとしている。

東北大を定年退官してからICUに移ってきた源先生は、筆者が言語に興味があると知ると、徂来の言語論がうかがえる『辨名《べんめい》』を一緒に読んでくださった。筆者にとって漢文を読むのは大学受験以来で大いに苦労したが、週に一度、マンツーマンで徂来を読んでもらったのは筆者の大学院時代の実に贅沢な経験だった。

源先生は京都大学で学んでいた時に「京都学派四天王」に数えられた高坂正顕に師事しており（長男の高坂正堯の家庭教師をしていたこともあったらしい）、その意味で「近代の超克」の近くにいた。徂来を読みながら、ソシュールと比べたらどうか、ウィトゲンシュタインや分析哲学ならどう考えたかと源先生はよく尋ねてくれたが、それは「近代の超克」論の隆盛の中で徂来を「誤読」覚悟でモダニズムと重ねた丸山真男の可能性と限界を見極めるために、むしろモダニズムを超えたポストモダニズムと照らし合わせたら徂来の言語思想がどう評価できるか、自分でも気になっていたからではなかったか。

源先生は名前も古風だったが、風呂敷に資料を包んで大学にやってくる、アメリカの大学のようだったICUでは異色の、古風な日本の大学教授らしさを残した人だった。とはいえ大学時代はニーチェなど西洋哲学も研究対象にしていたという。それだけでなく、大学院を出てから一時は出版社で編集をしていたこともある。そんな経歴ゆえに、ソシュールなど西欧の言語哲学や一般意味論を学んでからマスメディアで仕事をし始めていた筆者に、どこか自分と似た境遇を感じて面倒してくれていたのかもしれない。

源先生に教わりつつ、徂来で論文を一つ書いて筆者は大学を離れる。先生は博士論文を書くことを何度も勧めてくださったが、結局、そのままになってしまった。しかし大学こそ離れたが、問題意識は継続しているつもりでもあったのだ。「する」言語ではなく「である」言語である日本語はジャーナリズムの道具になるのか。行為なき言語はジャーナリズムにおいても様々な不具合をきたすのではないか。

行為的な言語活動として

近代ジャーナリズムは「する」論理を「する」言語で伝えようとしたものだ。「誰が」「何を」「した」か。佐野が言うように固有名詞と動詞こそジャーナリズムの基本的な骨格なのだ。そこでは主語と目的語の輪郭が確かに描かれ、両者の間でなされた行為が示される。

そしてジャーナリズムそれ自体が行為的な言語活動であるとも言える。聖職者は結婚を宣言する例を引いたが、ジャーナリズムの言語もまたそこで語られていることが真実であることを宣言する、「行為」的なものになる。それは狭義の行為動詞を使用する場合に限られず、ジャーナリズムというカテゴリーの中で使われる言語表現のすべてに適応される一種のモードとなる。ジャーナリズムという表現全体が「真理を宣言する」ものになる(という建前がある)のだ。社会システム論を唱えたニクラス・ルーマンの考え方に倣えば、ジャーナリズムとは「真」「偽」を隔て、その時点で「真」と認められる言説のみを選択して表現してゆく二値システムなのだ。

しかしここまで論じてきたように日本語では事情が異なる。そこに日本語でジャーナリズムを展開することにまつわる原理的な困難がある。

佐野は形容詞や副詞は「腐る」と考えた。しかし「形容詞や副詞が腐る」と表現するとき、「腐る」は自動詞だ。「時代の変化、見方の変化が形容詞や副詞を腐らせる」という他動詞的な表現にするときには、「時代の変化」「見方の変化」という主語が、「形容詞」「副詞」という目的語に対して「腐らせる」ように作用するという文章の構造が明確だが、「形容詞や副詞が腐る」という表現にはこの表現を使っている本当の主語が示されていないし、「腐る」という動詞は使っているものの「形容詞や副詞」が「腐った状態に変わる」というような状態の変化を示していると考えられる。そこにも「なる」言語によって「である」論理が示されているのだ。

日本のジャーナリズムに対して投げ掛けられる批判のいくつかが、実はこうした『なる』言語によって『である』論理が示されている」ことに起因していると考えると説明ができてしまう。

たとえば日本のジャーナリズムは取材源明示というジャーナリズムの原理を尊重していないと言われる。確かに政局判断などで、おそらく昵懇の政治家に内部事情を聞いたであろうと思われるような内容の記事でもニュースソースが示されない。それは「誰」が「誰」に話を聞き、どのような内容がそこで話されたかという、「主語」と「目的語」を明確に示しつつ、両者を行為の「する」という動詞で繋ぐ表現のかたちを日本のジャーナリズムが取らないということである。

ソースを示さない文体は、一方で取材源秘匿という、もうひとつのジャーナリズムの原理を守っているのだが、日本のジャーナリズムの文体がそうした評価を受けることもない。それも、秘匿以前にニュースの提供者が具体的に存在していたということすら曖昧にしてしまうし、秘匿する意志が確かに示されるわけでもないからだろう。「なる」言語の世界でジャーナリズムは取材源の明示も取材源の秘匿もできない。

こうした苦しい状況を思うと、佐野が「文芸」という言葉を用いていたことが改めて気になってくる。意図的かどうかはわからないが、佐野はジャーナリズムとノンフィクションを分けていたのではないか。固有名詞と動詞に輪郭を与えない日本語の特徴の中でジャーナリズムの実践は困難をきたす。そこで要請されるのが「文芸」ということではなかったのか。曖昧でしかない固有名詞と動詞を使って「事実を伝える」文章の体裁を取るとき、それはジャーナリズムではなく、文芸になる。そうした「事実を伝える文芸」という、近代ジャーナリズムの概念にはそぐわない、矛盾をはらんだ言語表現のあり方を、佐野が「ノンフィクション」だと定義していたと考えれば、多くのことに合点がゆく。

もちろん拙速な結論は避けるべきだろう。ジャーナリズムとノンフィクション、報道と文芸の差異もきちんと議論したわけでもない。多分に印象批評的な佐野のノンフィクションの定義に対して、自らも印象批評をもって向き合うことは有益ではない。

ただひとつ言えることは、日本語におけるジャーナリズムとは、取り組めば誰にでも実践できるような自明の存在では、少なくともないということだ。「作為」の思想を展開する上で日本語から離れようとした徂徠の強い拒絶の姿勢を思うべきだ。拒絶を選ばず、それでも日本語でジャーナリズムを行う選択をするとしたら、少なくとも日本語について、その特性を知ることが前提となろう。そうした認識を踏まえて初めて、どのようなジャーナリズムであれば日本語上で可能なのかの議論に進める。というわけでまだまだこの議論は続けてゆかざるを得ないのだ。

5

国語とジャーナリズム

井上ひさし原作、こまつ座制作の演劇『國語元年』を紀伊國屋サザンシアターで観たことがある。演劇に興味を持つことはほとんどない妻が、役者が出演して劇の内容を話しているラジオ番組をクルマの中で聞いて好奇心を強く刺激されたようで、売り切れ間近だったチケットを苦労して手に入れた。

劇は明治時代に「全国統一話し言葉」の制定を命じられた文部官僚・南郷清之輔を主人公とする。井上戯曲の妙はそんな仕事を命じられた南郷の家庭を、出身地によって十種類ほどの方言を話す者たちの集まりとしたこと。南郷は長州弁を話すが、妻と義父は薩摩弁、女中は江戸弁だし、使用人は津軽弁……。そんな家の中でも標準語を制定することができない南郷は、案の定、明治日本の標準語作りに苦戦し、結局、最後は発狂して死んでしまう。

そんな劇を見ていて幕間の休憩に、前席に座っているのが姪だと気付いた。それだけではない。幕間に通路を歩いていたのは長く時事通信社で金融担当記者として働き、日銀副総裁を務めたこともあるジャーナリストの大先輩の藤原作弥さんであった。マスコミ関係者向けの限定公開でなく、一般向けでこれほど知人に多く出会うのは珍しい。

観劇日が偶然一致したに過ぎないのだが、実はそこで出会った面々には共通性がある。帰国子女の妻は日本語の習得に苦労した経験がある。だからこそ国語作りの劇に関心を持ったのだろう。多言語を生きたということでは藤原さんも同じだ。藤原さんは五族協和の「満州国」で育っている。旧満州国の面影を訪ねて中国東北部に出かける藤原さんとともに筆者は現地取材をした経験があり、その成果は雑誌『マルコポーロ』（文藝春秋）に掲載された（もちろん『マルコポーロ』が「アウシュビッツにガス室はなかった」と書いた記事を掲載して廃刊となる前のことである）。筆者にとってその中国取材は後の『偽満州国論』に繋がっており、同書で外地における日本語教育について論じたのが、筆者が日本語論を書き始める嚆矢となった。そして姪は筆者が読んでいた日本語関係の専門書をよく出している出版社に勤めている。そう考えてみると日本語への興味、関心がその日、その劇場に集った人たちの共通項となっており、ふだんの確率よりも多めに知人に出会ったのは日本語の磁力がそれぞれを引き寄せた結果だったのだ。

そしてこの日に観た『國語元年』は本章を書く上でインスピレーションを与えてくれている。前章までは、日本語という言語を用いることでジャーナリズムという営為がいかなる可能性と限界を持つことになるのかという視点で考察していた。つまり日本語のジャーナリズムに対する影響を論じてきた。それに対してここでは日本語とジャーナリズムに関する思考の方向性を逆転させてみたい。つまりジャーナリズムは日本語にいかに影響を与えたか。さらに言えばジャーナリズムは日本語をいかに生成させたかを調べてみたいのだ。

そう書くと日本語は昔から日本語であり、近代社会の産物であるジャーナリズムがその生成にかかわることなどありえないと言われそうだ。

そうした異議申し立ては、しかし、ひとつの事実を無視している。漢語を受け入れ、独自に発展させたという歴史があるが、それにしても日本独特の言葉が日本で使われていた歴史は確かに短いものではない。しかし一般に国語と言い換えられる日本語（それを日本語／国語と表記する）については、そうした日本語とは歴史が異なる。日本語／国語は明治維新以後の「近代」の創造物なのだ。『國語元年』の南郷は与えられたミッションを果たせなかったが、現実の日本史においては日本語／国語が成立している。観劇後、ヨーロッパで育った妻と中国で育った藤原さんは初対面でありながら親しく言葉を交わしていた。こうして共通語としての日本語／国語が成立している背景には『國語元年』には登場しなかったジャーナリズムの関与がある。

方言では通じない

一八八八（明治二十一）年に刊行された『方言改良論』には、著者・青田節が学校教員として福島県に赴任するときに乗った列車車内のエピソードが紹介されている。

青田の座る席に隣には「英人一人ト仙台ノ婦人一人」がいたが、兵庫出身の青田は「仙台婦人ノ談話ヲ聞クニ言語甚ダ解シ難ク」、全く理解できなかった。

一方で英語が使えた青田は「英人」とは「談話」ができたという。

つまり、兵庫と福島の話し言葉の間には理解不可能性が横たわり、その溝は日本語と英語の間の溝よりも深いのだ。距離が遠いのは関西弁と東北弁の間だけではない。方言はそれぞれに異なり、相互にコミュニケーションが不能となっている。青田は方言を「南蛮鴃《げき》舌《ぜつ》」（南方に住む蛮族の言葉が、百舌がギャーギャーとさえずる声のように聞こえたとした孟子の言葉）とすら表現していた。この経験を踏まえて青田は「同朋ノ人ヲシテ斯ク迄言語ノ相通セザルハ又嘆ズ可キノ至リ」と嘆くことになる。

そこから青田は「方言改良」を唱え、具体的な策を同書の中で示してゆく。そうした青田の対応を踏まえて『「国語」の近代史』（中公新書、二〇〇六年）の著者・安田敏朗は次のように書いている。

> ここでは同一国民は同一のことばが話せなければならないという意識を青田がもっていた点に留意したい。明治国家の教育制度が全国的に浸透し、教師がそのなかで移動するようにもなったこと——各方言話者の接触が国内で可能になったこと——が方言を障害として認識し、話しことばの統一を求める契機となったことにも注意したい。

しかし言葉の不統一は、地域差だけではなかった。福沢諭吉は一八七七年に『旧藩情』を刊行し、その中で「上等士族」「下等士族」「商人」「農民」の使用言語が違うことを指摘している。福沢によれば顔を見なくても話す言葉だけで身分の区別がついたという。

先に書いた地域差と重ねていえば、「上等士族」の言葉は江戸末期には一定レベルの全国共通性が形成されていたという。それは書き言葉では共通語であった漢文を使うことができたし、話し言葉においても参勤交代によって江戸生活を経験した上等士族階級は共通して江戸語の影響を受けていたからだ。

そこで青田のように「同一国民は同一のことばが話せなければならない」と考える場合に、いち早く共通語となっていた「上等士族」の言葉を普及させてゆくという戦略が選ばれるのは、明治時代になって支配階級になった者の多くも、江戸言葉が話せる元薩摩・長州藩の上等士族であったこともあり、ある意味で必然であった。

そうして上等士族の言葉が普及してゆくプロセスにおいてジャーナリズムは一定の貢献をしている。

漢語と口語体の新聞文体

幕末には戊辰戦争の戦況報告を目的として多くの新聞が創刊された。明治維新後もかつて新聞発行を担った旧幕臣たちが新聞人となってゆく。彼らは当然だが新政府批判をやめない。そこで新政府は一八七二（明治二）年に早くも新聞の発行を許可制にし、統制を求めた。こうした状況の中で発行を許された新聞は二つのかたちをもつようになる。「大《おお》新聞」と「小《こ》新聞」である。

現在の全国紙と似た大柄の紙面サイズだった大新聞はもっぱら政治経済や海外事情を報じた。『中外新報』(明治二年発行)、『横浜毎日新聞』(明治三年)、『東京日日新聞』(明治五年)などが大新聞の代表格であった。片山朝雄は「新聞は卑俗語の使い手」(『日本語学』一九九四年五月号)の中で『東京日日新聞』の記事をひとつ引いてその文体を分析している。

> 信州今井村ニ農夫宇兵ヱト云ル者アリ其家極メテ貧ニヨリ人ノ為ニ傭ハレテ田ヲ鋤畑ヲ打聊ノ賃ヲ得テ其日ノ煙ヲ立テタリシテ一朝病ニ染テ立事能ワズ病床ニ在コト三年ノ久シキニ及ベリ其妻阿仙貞ニシテ且美麗ナリ能ク夫ニ事ヘテ其病中ノ尽力困苦傍トヲシテ感泣セシムルニ至レリ時ニ東京ノ客僧慶山ト云ル者ノ此地ヲ過ルアリ仙女是ヲ家ニ迎ヘテ夫ノ為ニ疾ヲ禱ラン事ヲ乞フ慶山仙女ガ十二分ノ姿色アルヲ見テ窃ニ其床ニ赴キ是ヲ挑ムト雖ドモ仙女敢エテ従ハス慶山ナホ情欲ヲ禁スル能ハス其翌夕又迫ルニ白刃ヲ以テシ強テ奸淫セントス仙女従容橈マス却テ是ヲ誡論セリ慶山且慙且憤リテ竟ニ仙女ヲ斬害シテ逃奔セリ時ハ壬申首春ノ事ナリ県官令シテ慶山ヲ捕縛シ鞠問シテ獄中ニ撃シトソ

こうして旅の僧が一夜を過ごさせてくれた農家の美しい妻を犯そうとして拒まれ、殺してしまう、そんな凄惨な事件が報じられているのだが、その記事の末尾に漢文がつけられる。

甚矣慶山之毒節婦也。此不逞少年所不忍為而緇衣持戒之徒為之何也食色性也強抑之即出族奸亦何足怪蓋慶山之悪瞿曇開之矣而瞿曇亦不知禍及於節婦也

これについて片山は「漢文は、記者のこの事件に対する評語である。大変難しい。特に末尾の傍線部分は『瞿曇（ク・ドン）』を『成道前の釈尊の称』と解釈して、『釈尊は（慶山の犯したような悪については）悟りを開いていた。しかし釈尊もこういう人間の本能に根ざした災いが節婦にまで及ぶとは知らなかったのである』というような意味になる」と書いている。大新聞とはこのような表現と内容を伝えていた。これでは広く読まれないのも当然だったろう。

こうした難しい漢字まじり文ではなく、俗語を使うべきだといち早く唱えた例としては幕府の開成所反訳方をつとめ、明治維新後に郵便制度を作ることになる前島密の『漢字御廃止之議』（一八六六年）があった。長崎遊学中に知りあった米国人宣教師が漢字は「難解多謬」であり、教育上都合を来していると評したことから前島は漢字廃止論を述べるに

至った。

国家の大本は国民の教育にして、其教育は士民を論ぜず国民に普からしめ、之を普ねからしめんには成る可く簡易なる文字文章を用ざる可らず、其深邃高尚なる百科の学に於けるも、其文字を知り得て其事を知る如き難渋迂遠なる教授法を取らず、すべて学とは其事理を解和するに在りてとせざる可らずと奉存候。

こうして学問の進歩や国民全体への教育のためには漢字の使用を迂回すべきと主張した前島は「ツカマツル」「ゴザル」の語尾で書くべきだとしていた。「国文を定め文典を制するに於ても、必ず古文に復し「ハベル」「ケル」「カナ」を用ふる儀には無御座、今日普通の「ツカマツル」「ゴザル」の言語を用ふ、之に一定の法則を置くとの謂に御座候」。前島は「言語は、時代に就て変転するは中外皆然るかと奉存候。但口舌にすれば談話となり、筆書にすれば、文章となり、口談筆記の両般の趣を異にせざる様には仕度事に奉存候」と書き、言語が変わってゆく必然性も踏まえて、談話と筆記、つまり「言」と「文」を一致させよと述べる。こうして言文一致運動を先駆ける前島の議論は漢字廃止論の嚆矢となって、後の「カナモジカイ」の運動などに繋がって行く。

また話し言葉でこそなかったが俗文で書かれた嚆矢となったのは福沢諭吉『西洋事情』

であった。

しかし言論界はそうした主張や実践に本格的には応えたわけではない。大新聞は漢字が読める読者、つまり旧「上等士族」を相手にし続ける。漢字かな交じり文の記事もまさに読者層を限定するものであった。

それに対して片山によれば「小新聞はこういう難しい文章は使わない」。まず漢字は総ルビが普通となる。最後に漢文で評を書くなどとんでもなく、同じ今井村の強姦致死事件を扱う場合も、たとえば仮名垣魯文《かながきろぶん》が発行していた『仮名読新聞』では「貞女に災いが及ぶたあ、お釈迦さまでもご存知あるめえ」と評していたのではないかと片山は想像している。

片山の推測は彼の創作を交えたものではあるが、決して荒唐無稽なものではない。大新聞は漢語中心であったが、明治初期の段階で一部の新聞は先駆的に庶民的な表現を採用し始めていた。それが小新聞であった。小新聞のページ数は大新聞と同じ四ページだったが、紙面サイズは大新聞の半分で、タブロイド版に近い。内容的にも政治・経済にはごくわずかに触れるにとどめ、巷間のニュースを好んで取り上げた。記者には戯作者、狂言作家等が多く採用され、文章も「ます」「ござります」「です」「げす」などの文末を用い、口語的にくだけた表現を好んだ。

こうした小新聞のスタイルは前島密の『漢字御廃止之義』に間接的に応えたものだと

も考えられる。そこで口語体へのこだわりは階級差（漢字教養の差）を超えて通じる誰もが使える日本語を作るという積極的な方向性と、漢字を用いて表記することへの反発という消極的な方向性の交わるところにあった。荻生徂徠は漢字の語順を変えたり、送りがなをふって日本語での口語に近づけて漢文＝中国語を読み替える漢文訓読法を批判し、むしろ原点に回帰して中国語そのもので読む漢語漢話主義を唱えたが、明治期にはむしろ当時の口語文に近づける方向で漢文から離れようとする動きがありえた。前島が「ハベル」「ケリ」「カナ」といった語尾表現を気にし、それを廃そうとしたのは日本語的な表現が儒教の思想に紛れ込むことを嫌った徂徠と期せずして同じ内容になっているが、両者は向かう方向が違っていた。

ちなみに先に引いた信州今井村のような事件は、記事内容的には「大新聞」である『東京日日新聞』よりも小新聞である『仮名読新聞』の独壇場であった。同紙創刊者の仮名垣魯文は江戸末期から明治初頭に活躍した戯作文学者であり、同じ事件を取り上げていたら片山が想像したように「貞女に災いが及ぶたあ、お釈迦さまでもご存知あるめえ」と啖呵を切ってみせた可能性は高かったのだ。

こうして小新聞で始まった口語体記述は、山本正秀『近代文体発生の史的研究』（岩波書店、一九六五年）によれば『東京日日新聞』、『朝野新聞』、『郵便報知新聞』など多くの大新聞の文章にもやがて影響を与えるようになり、一時は新聞の五割以上が口語体を採用して書かれるに至ったし、文語体を使うにしろ平易に書く習慣を作り出したという。

たとえば『大阪朝日新聞』は一八七九年あたりでは雑報記事も文語体で書かれているが、記事の最後のセンテンスが「ます」で結ばれている（しかも過渡期らしく漢字だ）。

高麗橋一丁目関口千賀方にて美濃産の水晶を種々の器に製し販売せり誠に奇麗で有舛。

大新聞も曲がりなりにではあるが口語体を意識するようになっていた。山本はこうした新聞表現が地方の青年の東京語習得に役立ったと指摘している。言葉の地域差はこうして書き言葉の口語化によって進められたのだ。

しかし、こうした風潮は定着しなかった。たとえば自由・改進両党経営の、バリバリの政論新聞にであってもいくつか口語体を用いた例があり、『自由新聞』は別冊で発行としていた『自由燈』に一八八四年に口語体による「兄弟同権論」を連載している。『改進新聞』も同年に「へへぇ成程」と題してべらんめぇ調の対談形式記事をのせていたが、それらはいつしか消えている。

小説における言文一致体

そうした新聞界の趨勢を尻目に、言文一致に先駆けたのは小説であった。一八八六年、二葉亭四迷と山田美妙が言文一致体での小説執筆に挑んでいる。二葉亭はツルゲーネフの『父と子』の一部を『通俗虚無党形気』の題名で訳出した際に上品な東京語を用いた。そして翌年には言文一致文体によるオリジナル小説『浮雲』を発表している。山田美妙は英文学の研究を通じて西洋の文学が口語体で書かれていると気づき、十九年に非売品であった『嘲戒小説天狗』で言文一致の先鞭をつけて、『武蔵野』では「である」調を、『蝴蝶』では「ですます」調を採用し、言文一致体短編小説を書いている。

このように二葉亭も山田も西洋文化との接触を通じて口語体を選んでいる。彼らの場合、口語＝俗語を使おうとしたのは、標準日本語の形成を目指したわけではなく、そのほうが小説としてリアリズムを発揮できると考えたからだった。山本正秀は『近代文体発生の史的研究』の中で「言文一致の問題は『現実の真味を如実に描写する』(『平凡』)写実主義や『人生の味ひを言ひ取るのが小説家の本分』(『長谷川二葉亭氏「浮雲」の由来および作家の覚悟論』)と心得た強固なリアリズム精神に支えられたところの、二葉亭にとっては正しく必至のものであったことはいうまでもない」と書いている。それはある意味で当然の話で、日本人は中国語＝漢文で考えたり感じたりしているわけではない。日本人にとって漢文はあくまでも書記言語として思考や印象を翻訳するための表現であった。そこで文学者たちは漢文あるいは漢字から離れることで思考や印象をそのまま自然に書くこと、つまりはリアリズムを追求した。それが同時に庶民に読解可能な文体＝日本語を日本の近代小説が持つことになり、先行し（そして一度は中断し）た新聞の口語文化と同様に日本全国に標準的な日本語を普及させる役目を果たすことになる。

こうした言文一致について独創的な考察をしているのが柄谷行人だ。『日本近代文学の起源』（講談社、一九八〇年）において柄谷はそれを「内面の発見」だったと考える。漢文で書いていたときには書くという作業の位相が存在していた。しかし言文一致で書くようになると「書く」位相は透明化される。結果として世界をリアルに「写す」ことが可能になる。こうした写実主義が可能になって、「外部」と「内部」が、つまり「風景」と「内面」が同時に発見される。

日本の近代文学は、いろんな言い方はあっても、要するに「近代的自我」の深化として語られるのがつねである。しかし、「近代的自我」がまるで頭の中にあるかのようにいうのは滑稽である。それはある物質性によって、こういってよければ〝制度〟によってはじめて可能なのだ。……私は「内面」から「言文一致」運動を見るのではなく、その逆に「言文一致」という制度の確立に「内面の発見」をみようとしてきた。

そうでなければ、われわれは「内面」とその「表現」という、いまや自明且つ自然にみえる形而上学をますます強化するだけであり、そのこと自体の歴史性をみることはできない。たとえば『浮雲』や『舞姫』における「内的格闘」を云々するとき、ひとはそれらの文字《エクリチュール》表現を等閑に付している。まるで「内面」がエクリチュールの問題と切りはなされて存在するかのように。重要なのは「内面」がそれ自体として存在するかのような幻想こそ「言文一致」によって確立したということである。

「内面」についてはまた後述しよう。ここでとりいそぎ注目すべきはこうした言文一致小説の登場で語尾表現のバリエーションが揃ったことだ。「だ調の二葉亭四迷」「です調の山田美妙」「である調は尾崎紅葉」と言った具合に作家はそれぞれに特徴的な語尾表現を競った。「ツカマツル」「ゴザル」の語尾を求めた前島密の主張はここにつながっている。これについて山本正秀は「言文一致気運を背景に近代の口語文が着手された明治二十年代に『だ』調・『です』調・『であります』調・『である』調などと呼ばれて大いにさわがれたということは、それだけ『明治の口語』の敬語の有無・強弱による文末終止法の複雑多様性と、それによる文体的差異を示し、あるいはそれをよくとらえたものといってよいであろう」（『近代文体発生の史的研究』）と書いている。

さて、本書ではかつて文末表現に注目し、日本語が人間関係を前提にしてしか発話できないと考えた森有正の私的二項関係説を紹介した。森有正の言う日本語は言文一致運動によって明治期に成立したものであった。

やがて言文一致は一世を風靡する。多くの小説が書かれ、その旋風は教育界にも及んで一八八六年頃から談話体を採用した小学校国語読本も現れている。こうして小説を発火点として言文一致運動が盛んとなり、新聞もそれを無視できなくなった。いわゆる三面記事、家庭欄、運動記事が口語体化してゆく。先に語尾の「ます」化だけでお茶を濁していた『朝日新聞』も今回は本格的に口語を導入した。同紙に掲載されていた栗島《くりしま》狭衣《さごろも》の筆による一九〇二年春場所の相撲記事を引いておく。

さて当日書入れの大勝負梅ヶ谷と常陸山との立合ハ実に大関同志の権勢争ひ東西大勢の定まるところ土俵は此一番に依て活気が湧くが如くである最初常からトンと一突き突いて行くのを梅ハ突き返すより早くズルズルと右を差し呼吸もつきあへずにヒタヒタと寄進んだので常の狼狽は大方でなく右手に力を籠めて死物狂ひの強引的小手投も一寸梅を動かしたに過ぎないで……。

言文一致の郷勢のなかで新聞ジャーナリズムが最後まで文語調を残したのが社説であった。例外的に『読売新聞』が一九〇〇〜一九〇一年の二年間のみ口語文の社説を書いて先駆けているが、これは当時の主筆・中井錦城が熱心な言文一致運動家であったせいだったが、彼の退社ともに文語体に戻っている。『読売』だけでなく他社をふくめ、社説の口語体化は大正十年代で、『読売』、『東京日日』は十年元日から、『東京朝日新聞』が翌年元日から「である」調を採用した。

こうした文学における言文一致運動は、先鞭をつけた作家たちの意図は文学性の追求にあったが、ジャーナリズムにも波及して、ベネディクト・アンダーソンの考える国民国家の成り立ち、つまり国語の成立を促し、「一体の国民」というイメージを形成するというプロセスに寄与している。日本では紆余曲折があったが、まず出版ジャーナリズムが、そして遅れて新聞ジャーナリズムが国語と国民国家形成に関わった。まだ放送メディアがなかったころで、方言の違いを乗り越える共通日本語は書かれた言葉を経由せずには広がらなかったのだ。

国家と国語と

統一的な日本語を形成しようとするこうした動きは政治史的には日清日露戦争の時期に当たり、対外的脅威と向かい合う経験を通じて明治日本が自分たちの国家的なかたちを意識せざるをえなくなった状況と呼応している。

日清戦争が開戦となった一八九四（明治二十七）年。国語学者の上田万年は「国家と国語と」と題した講演を行っている。その講演では「国語」に「国家の言語」という意味が付与され、「日本語は四千万同胞の日本語たるべし、僅々十万二十万の上流社会、或は学者社会の言語たらしむべからず」とされる。そして「千島のはても、沖縄のはしも」日本国家の領土となり、そのなかで「一民族」が共通の歴史的出自のもとで一国家をなし、「われわれ日本国民が協同の運動をなし得るは主としてその忠国愛君の大和魂と、この一国一般の言語とを有つ、大和民族あるにてなり」と述べられる。上田によれば母への愛に選択の余地がないように、「国語」への愛も選択の余地がなく、皇室への愛と同様なものだとされ、そうした「国語」を日本の「精神的血液」とみなすのだ。

こうした抽象的な議論を展開する一方で上田は「国語」が「教育ある東京人の話す」東京語であるべきだと考えた。それは「各方言より正しく超絶して、而も其等の上にある各実在の心髄を蒐集採択し、猶他の研究をも加へて、然る後右等方言の融和統一を固定すべきもの」なのだと。

上田は一八六七（慶応三）年に生まれ、明治元年を一歳で迎えている。まさに維新の落とし子であった。一八八八年に帝国大学文科大学和文学科を卒業し、大学院に進学。一八九〇年には三年間のドイツ留学に出発。フランスでも学んで一八九四年に帰国、帝国大学教授に任じられ、博言学講座を担当する。「国語と国家と」の講演はこの就任の年になされた。一九〇〇（明治三十三）年、小学校令改正により教科名としての「国語」が誕生し、定着しようとしていた。一八九七年に帝国大学に初めて国語研究室を創設し、主任となった上田は国語を「国民精神のやどるところ」と評した。

上田にとって国語とは全国統一的に用いられる日本語を意味した。たとえば「ゐ」「ゑ」をWi、Weと発音している地方があり、国語教育に当たる教師もそのことに問題意識を持たずに発音を正そうとしないことを上田は激しく追求する。文字についても統一を心がけ、変体仮名の使用を禁じた。表記の統一も目指した。甲は「カフ」、皇は「クワウ」とカナが充てられるのは発音に従っていない。どれも発音がコーなのであればそう表記されるべきだと上田は考える。あくまでも（東京標準に統一された）発音に従うことで表記を統一してゆく。こうした表音主義こそ言文一致運動の理論的な基礎となった。上田にとって方言や非標準的な日本語表現には国民精神は宿らない。それが宿るのは国語のみであった。

国語は明治国家を秩序正しく運営するために必須の道具であった。当然のことだが、国家の制度を担うことができる言葉なくしては国家制度の効率の良い運用はできない。だからこそ国家の版図の中で、等しく書かれ、話される言葉＝国語を作ることが必要となる。

前出の安田敏朗は『統合原理としての国語』（三元社、二〇〇六年）にこう書いている。

注意したいのは、二〇世紀初頭の時点で国語教育という概念はあっても、文化教育という概念はないことである。つまり、それとして教育の対象となっていないわけである。教育の対象にならないとはいっても、国語教育や修身・国史といった諸科目と密接にからみあいつつ「日本人らしさ」や「日本人」であることを保証する種々の「独自性」が教育されていった。言語構造そのものに「日本らしさ」があるという議論もこの時期から登場するが、これは敬語論や「女性語」論をあげれば十分だろう。

たとえば上田は「日本語に大和魂がこもっている」という言い方に比喩的なニュアンスを込めていた。ただ次第にそれは比喩と思われなくなり、正しい日本語／国語を教えることが「日本人らしさ」の核にある大和魂を注入することだと認識されるようになる。安田の表現を借りれば文化教育的側面が強調され始める。

大和魂注入の必要性は日本国内でも認められていたが、新たに皇民化をしなければならない植民地でより重要とみなされた。日本人ではない彼らにはそもそも大和魂がないのだから。

しかし、その一方で植民地では日本語を母語としない人々に日本語を教えるわけで、当然、「技術としての国語教育」的な側面がより重視されざるをえない事情もある。そこで学びやすい簡易な日本語を教えるべきだとする学説も登場した。

主語がないのは無私の精神

石剛『植民地支配と日本語』（増補版、三元社、二〇〇三年）は、日本語を母語としない植民地や満州国において学びやすく使いやすい簡易日本語を用いる案がしばしば提示され、却下された経緯を描いている。たとえば一九三七年に松川平八は満州国に日本語をいち早く普及させるためにカナ文字の使用を主張し、その「名称を満州カナとし、専ら満系用の表音文字と」し、「満州カナには、カタカナだけを使用することとし、ヒラガナを混用したり、新たに文字を作成したり、特別な符号を用いないこと」「一漢字音をなるべく三文字以内のカナで示すこと」などを提唱した。ただ現実には満州カナの普及より前に日本語と満州語の混血が進んでおり、「ニーデ、トーフト、イーヤンデ、ショーショー、カタイカタイ、メーユー？」というような会話がなされ、協和語と呼ばれていた。台湾の場合は植民地化が早かったせいもあり、日本語の導入が相当程度進んでおり、「タカイタカイアルネ、マケルヨロシイネ」といった会話が巷で聞かれた。現代でも中国人の下手な日本語を嘲笑するときに「アルネ」といった語尾を使ったり、助詞を省略したりするが、それが植民地時代に言語の混血を通じて作られた表現法であったことはほとんど意識されない。

こうしたピジン日本語の普及を前にして、明治大学予科教授・櫻田常久は文法を整理し、簡易化した輸出用日本語を作るべきだと主張する。収集がつかないほど乱れてしまう前に国が率先し、許容できる範囲で学びやすく使いやすくする工夫を加えた日本語を公式に作るべきだということだ。櫻田案では「一人称、二人称代名詞を『わたくし』『あなた』『われわれ』『あなたがた』程度に整理する」「語尾を『です』か『あります』のいずれかに統一する」などが提唱された。

しかしこうした動きには強い反発が起こる。それは、たとえば一八九六年の台湾の国語伝習所規則にいち早く示されていたように「国語を教授して其の日常生活に資し、日本国的精神を養成することを以て本旨」とするという考えが踏まえられていたからだ。

こうして、ゆり戻しを経て文化教育的な発想がいっそう固定化されてゆくなかで、日本語独自の構造を日本文化の特徴と一体視する発想が育まれてゆく。安田が指摘していた「敬語」や「女性語」はそうした文化的解釈を受けることになる。

一九三七年に文部省が編纂した『国体の本義』は次のように書かれていた。

没我帰一の精神は、国語にもよく現れてゐる。国語は主語が屡々表面に現れず、敬語がよく発達してゐるという特色をもってゐる。これはものを対立的に見ずして、没我的・全体的に思考するがためである。而して外国に於ては、支那・西洋を問はず、敬語の見るべきものは少ないが、我が国に於ては、敬語は特に古くより組織的に発達して、よく恭敬の精神を表してゐるのであつて、敬語の発達につれて、主語を表さないことも多くなつて来た。この恭敬の精神は、固より皇室を中心とし、至尊に対して奉つて己を空しうする心である。

先に日本語における主語の概念を批判した三上章や金谷武洋の『日本語に主語はいらない』などを紹介してきたが、戦前には日本語の主語の不在が没我的・全体的に思考する無私の精神の言語表現とみなされていた。そして主語を表に立てずに語れるのは敬語表現によって話者の位置づけが示されることと表裏一体であるとの解釈がなされている。柄谷の表現を借りればそれもまた日本人の「内面の発見」だったといえるだろう。そうしたかたちで日本人は「内面」を発見しそれをたとえば大和魂と名付けたのだ。

その証拠とでもいうべきか、この日華事変期に書かれた文書は、日本語と日本文化を客観的に観察して記述している装いをまだまとっているが、一九四四年に日本語教育振興会が出版した『現代敬語法』になると日本語＝日本文化礼賛論としての性格が強まる。

敬語の使ひ方によつて、尊敬や謙遜の心をこまやかに表すことのできるのは実にわが国語の一大特色であり、世界各国の言語にその例を見ないところである。古来わが国民は、皇室を中心とし、至誠の心を表すためには、最上の敬語を用ひることをならはしとしてゐる。さうして、また最上を敬ふ家族制度の美風からも。ていねいなことばづかひが重んじられてゐる、わが国語に、敬語がこれほど発達したのは、つまりわが国の尊さ、昔ながらの美風が、ことばの上に反映したのにほかならないのでる。

この文章を綴った日本語教育振興会が、「外地」での日本語教育の統制をはかるために作られた文部省の外郭団体であったことは留意に値するだろう。

言葉づかいが階層をあらわす

そしてもうひとつ、注目しておきたい点がある。この『現代敬語法』は明治以来の言文一致運動を総括する役割を果たしているのだ。その第一章「日本語の文体」においてはまず日本語を文語体（例：これは本なり）と口語体（例：これは本である）に二分する。そして口語体については末尾に注目し、文章口語体（例：これは本である）と音声口語体（例：これは本であります）に二分する。音声口語体をさらに講演体（例：これは本であります）と会話体（例：これは本です）に分類する。この会話体を「一切の修飾を抜きにした、いわば必要な言葉だけを用いる」平話体（例：これは本だ）と敬語体（例：これは本です）に分け、敬語体をさらに普通敬体と積極敬体（例：これは本でございます）に二分し、積極敬体を「進んで相手を尊敬して直接に敬意を表はす言葉を用ゐる言ひ方」である尊敬体と「退いて自らを謙遜して間接に敬意を表す言ひ方」の謙遜体の二種類に分ける。

こうして二分法を重ねてゆく分類は書き言葉における口語体の使用普及を目指した言文一致運動が敬語のシステムを日本語にもたらした経緯を示している。森有正が上下関係の中でしか行使されないと述べた日本語事情はこのようにして用意されたのだ。

こうした敬語表現を伴う口語日本語が全国的に普及して国語となり、外地でも大和魂を載せるメディアとして採用を強制されることになる。

語尾表現だけではない。女性語も「日本らしさ」のなかに位置付けられる。広島師範学校を卒業し、上海の日本人学校で教鞭をとっていた長尾正憲によって一九四三年に刊行された『女性と言葉』（佃書房、一九四三年）に次のような記述がある。

男性が父として、夫として、新しきもの、高きもの強きものへの志向によつて理想を追求し、革新を仰望したのに対し、ひそやかに我が生活を顧み、静かに我が一身をみつめ、以て悠久にして清澄なる民族文化の源流を認識し、歴史の血脈につながるものたるのしめやかな感激に震へるのが、母として、又妻としての日本女性であった。

……女性は女性独自の言葉と文章を持つべきであること、即ち新日本の女性語にふわさしき優雅、清明、醇美な語彙、語法を持つべきであり、そのためには、国語の伝統にかんがみて、その最大特質である敬譲表現に思ひをひそめることが肝要だと云ふことである。徒に男性と同一の言葉と文章を持つことが女性の教養と生活の向上を意味するのではないことを、特に大東亜共栄圏十億の民の指導者たる皇国女性は深く思はねばならぬ。

敬語表現と女性語の重視は日本語／国語がなによりも社会の階層秩序を示す言語であった事情を示す。日本語に流れる精神的血液とは階層構造を成立させ、そこに生命を吹き込み、維持するためのものであった。明治二十年代以降に本格化した言文一致運動は、漢語表現を平明な会話体に変えるだけでなく、人間関係を表現の中に折り込む作業でもあった。口語体の使用は、こと語尾に注目する場合には細部まで人間関係が描けることが評価されていたのではなかったか。

その点、外地で慣用的に用いられている道具的な日本語は、平明化、学習の容易さについては確かに期待に応えるだろうが、人間関係を表現のレベルで示して固定する機能を持たない。外地でも日本と同じ社会構造の形成を求める以上、「タカイタカイアルネ、マケルヨロシイネ」といった会話者同士の社会的関係がわからない怪しげな表現や「語尾を『です』か『あります』のいずれかに統一する」などの主張は却下されざるをえなかったのだ。

終戦後の日本語／国語

そんな日本語／国語は終戦を経てどう変わったか。

『朝日新聞』は一九四五年十月四日の社説で「良き国語の普及を図れ」と題して「口に称へて滑らかに、耳に聞いて快く、その上、読み書きするに不便不自由のないやうな新時代にふさはしい新国語の普及」を望むと主張した。そして十一月十六日の「天声人語」でも「真の独立した国民は当然また真に良き国語を育むことによつて、自らの国民性の正しき表現も、世界文化との交流も一段と容易になし得る」と書き、「過去のファッショ的空気の裡に強制せられたやうな情報局ばりの生硬な漢語の羅列や、大東亜に向つて推しつけられた間違ひだらけの片仮名文章」ではなく「簡素で平易で而も正確な普及を計る」と唱える。

どこか見当はずれの指摘のように感じられないだろうか。確かに「ファッショ的空気の裡に強制せられたやうな情報局ばりの生硬な漢語の羅列」や「大東亜に向つて推しつけられた間違ひだらけの片仮名文章」は問題であったが、現実において情報局はすでに解体されているし、大東亜の植民地もすべて失っているのだ。戦前の日本語／国語の問題は、それを情報局が差配していたとか、植民地主義の中で使用されていたということに限られない。しかしそうした広がりを意識した言及はそこにない。
この『朝日新聞』の天声人語は「この辺で国語審議会あたりもそろそろ冬眠から覚めるべきではないか」と結んでいた。その言葉に応えるように国語審議会は一九四六年に「現代かなづかい」と漢字の使用を制限する「当用漢字表」を提出する。日本語／国語の改善されるべき問題はまず古色蒼然としたかな遣いと漢字の多さだとされた。
こうした日本語簡易化を国語審議会において進めたのが国語学者・保科孝一であったことは留意に値する。保科は一九四八年に創刊された雑誌『国語学』に以下のように書いている。

民主日本の国語としては、これまでの様相を改めて民主的なものに改めていかねばならぬ。これまでの国語には、超国家的や封建的な用語や表現形式が多分に存在するので、これを一掃して民主的なものに改善することが、今日の時勢上もつとも急要とするところであるが、これに対しては、有力な国家的機関の力にまたなければならないことはいうまでもない。(「国語の統制を強化せよ」)

安田敏朗はこうした保科の主張が、彼自身が一九四〇年に書いた論文「新体制と言語の統制」にみられる国語国字に対する統制の主張と通底していることを『「国語」の近代史』（中公新書、二〇〇六年）で指摘する。

保科の意図は「民主化」であろうが「新体制」であろうが、とにかくその時々の時流のことばを用いて「国語統制」を行うところにあった。「統制」と同じイメージで「国語民主化」をとらえていたのである。これはもちろん、保科個人の歴史認識の問題ではあるが、大半の知識人の敗戦ののりこえ方が、保科のものと大幅に異なっていたとはいえないだろう。

本書の問題意識に従っていえば、上下などの人間関係を前提にしないと使えない日本語の問題は一切考慮されることなく、新しい官製日本語の使用が上下関係の中で指示されたという事実こそ、注目すべきだということになる。現代かなづかい、当用漢字の答申は一九四六年に内閣訓令・告示として交付された。訓令・告示には強制力はない。しかし行政文書がこれに従い、マスメディアもまたこれに準拠することで、当用漢字を用い、現代かなな使いで書かれた日本語は新しい規範として機能するようになる。

民主化の時代のジャーナリズム

言文一致から日本語／国語の成立に続いて、民主化の時代においてもジャーナリズムは日本語に影響を与えている。ジャーナリズムの世論形成力や議題設定力については議論があろうが、世論として意識されるレベルよりも深いところで日本語の構造が日本社会の秩序を支えているのだとすれば、ジャーナリズムの影響力は巷間取り沙汰されているよりも強力だったと言えるのかもしれない。

そんな影響の構図をもっと意識すべきだろう。日本語とジャーナリズムの問題は、日本語という言語がジャーナリズムという営為の可能性と限界にいかに影響するのかだけでなく、ジャーナリズムが意識的、あるいは無意識的に日本語にいかに影響を与えてきたか。さらに言えばジャーナリズムは日本語をいかに生成したかをも検討するものでなければならない。そこでは、たとえばジャーナリズム独特の語尾表現に注目することを通じて言語論から社会論に架橋する必要がある。

それでは戦後の報道言語論はどのような視点を示してきたか。一例を掲げよう。

新聞文体の変化ということで野元菊雄は「〜といわれている」というような受身形の語尾表現に注目している。

新聞記事によくあらわれるのですが、これはどうも、あまり日本的ではないのではないか、とわたしは考えています（「話しことばに近づく新聞文章」『ことばの昭和史』所収、朝日選書、一九七八年）

野元はこうした受身表現は翻訳調なのだろうと推測する。そして①外国の通信社が配信したニュースを翻訳する、翻訳文そのものである外電記事、②日本語で書かれているが外国語に慣れている外国特派員の筆によるので翻訳文に近づく影響を受けていると推測される国際記事、③通常の国内の記事で受身表現の出現率を比較している。チェコスロバキアへのソ連軍進攻を『読売新聞』東京版がどのように報じたか、使用語彙などを統計調査した結果では、案の定、彼の仮説を裏付ける傾向が見られたという。（「翻訳の文章」『文章表現ハンドブック』所収、至文堂、一九六九年）

ここで野元が受身表現として数えているのは以下の傍線部である。

二十三日伝えられるところによると、チェコのドプチュク共産党第一書記の腹心とみられているチーサン党書記は、ソ連の監禁下から劇的な脱出に成功したといわれる。

チェコの権威筋が二十四日述べたところによると、ソ連・チェコ首脳会議は同日午後再開された。これよりさき会談は二十四日午前に終了したと伝えられたので、午後に会議が再開されたことは意外に受けとられている。

こうした受身形の登場を野元は「日本語ではおそらく主語にしないようなものを主語にする」結果であり、「原文の主語をそのまま主語として訳してしまうから」、文章がバタ臭くなってしまうと考える。たとえば、

チェコ内部の情勢を緊急に正常化させるための措置について合意が達成された。国民に結束と思慮ある行動をとるように訴える。この呼びかけは、とくに青年に対して行われるものである。(同前)

この記事では「合意」「呼び掛け」を主語にするために受身表現を余儀なくされている。主語を日本語でより自然なものに変え、「チェコ政府とソ連外交使節が合意した」「チェコ政府が呼びかけた」としておけば受け身にせずにすむ文章なのだというわけだ。

統計分析では国内記事にも比率は少ないものの相当数の受身表現がみられる。それは翻訳調に汚染されているのであり、正しい日本語に直すべきだと野元は考えている。実際、彼自身が、そうした主張する論文を、内容に矛盾しない形で受身形を交えずに書いてみせ、

それが可能であることを身をもって示す。

こうしたパフォーマンスまで伴った主張には一理あると認めるが、しかし、すべての受身形が翻訳調なのだろうか。特に「思われる」「いわれる」「みられる」といったマスメディアで頻出する表現は、不自然な主語をたてた受動構文と考えるだけでは済まされない要素を含んでいるようにも思うのだ。それについて次章で議論したい。

6

無署名性言語システムの呪縛

——玉木明のジャーナリズム言語論

玉木明の仕事を最初に知ったのは『言語としてのニュー・ジャーナリズム』（学藝書林）だった。初版は一九九二年。新聞の新刊広告か、雑誌の書評欄で見たのだと思う。当時の筆者は、大学院を終え、フリーのライターとして仕事を始めてまだ間もない頃だった。大学に残らずに「軽評論家」になった経緯はすでに書いた。だが、ジャーナリズムの世界に入ってみると、こちらも大きな欠落を抱えている世界であることに気付かされた。

もちろん、それが仕事なので何を報じるかの議論は尽きない。編集者と企画をすり合わせ、同業者と取材テーマについて意見交換をする。

その一方で、どう報じるかの議論が白熱することはまれだ。どう報じるかといっても、いかに取材先に接触するか、いかに連載枠を確保するかといった具体的なライターとしての処世術の話ではない。報道という表現作業そのものに関する方法の議論だ。

特に報道作業を実践する場である言語というものについて何かが語られる機会は、差別用語問題などを例外としてほとんどなかった。それこそ「灯台もと暗し」ではないのか。言語学に近い領域を研究し、社会のフィールドに出た身としてはそこが気になった。

そんな問題意識をもやもやと抱え込んでいた時期だったからだろう、『言語としてのニュー・ジャーナリズム』のタイトルは鮮やかに眼を引いた。さっそく手に入れて読んでみる。当時はジャーナリズム史の方にまだ専門といえるほどの経験の蓄積がなく、アメリカのニュー・ジャーナリズムに関する知識も乏しかったので、すぐにその内容が理解できたわけではなかったが、言語分析を報道分析に繋げてゆく論法は興味深く感じた。そんな玉木の議論が、自分の問題関心とまさにピタリとはまったのは『言語としてのニュー・ジャーナリズム』から四年を隔てて刊行された『ニュース報道の言語論』（洋泉社、一九九六年）を読んだときだった。

ジャーナリズムと言語システム

この時期になると筆者はライターの仕事をしながら非常勤で大学で教えるようになっていた。実践家としての経歴を買われ、メディア論、マスコミ論関係の講義を依頼されることが多かったが、せっかくであれば大学時代にかじった言語学の方法論を応用して報道分析をしたいと思っていた。そのときに『ニュース報道の言語論』はまさに格好の教科書となるものだった。

最初にテキストとして使ったのは法政大学社会学部で「社会学特殊講義」という講義を担当した頃だったと記憶する。以後、表現技術の習得を目指す授業では以前に引いた本多勝一『日本語の作文技術』を、報道論では玉木の仕事を紹介することが多い。

本多の本はジャーナリストが書いた実践的な日本語作文論だが、玉木の本はまさにジャーナリズム論のど真ん中をゆく内容だ。それが言語論、日本語論でもあることには必然性がある。玉木は『ニュース報道の言語論』をこんな端的な言葉で書き出している。

ニュースとは、言葉である。そうであるなら、ジャーナリズムが変わるためには、まずその言語観、言語システムが変わらなければならないはずである。

ジャーナリズム関係の講義に出席する学生の多くは日本の戦後マスコミが引き起こしてきた報道事故、事件についてある程度の知識を持っており、ジャーナリズムが今のままではうまくないこと、変わらなければならないこともそこそこ理解していた。

だが、そんな学生でも「ジャーナリズムが変わるためには言語システムが変わらなければならない」という指摘には首を傾げる。ジャーナリズムの変わるべき点は、たとえば国のコントロールを受けやすい放送の許認可制度や、閉鎖的な記者クラブ制度のような旧弊ではないのか。彼らがそれまで仕込まれてきた知識ではジャーナリズムの問題点はそのようなものだったのだ。言語について考えない習慣の裾野はジャーナリズム志望者層にまで広がっている。「言語?」、何を言い出すのか。そう内心で思っている彼らに玉木はさらに畳み掛ける。

戦後五十年間、日本のジャーナリズムを支配してきたのは〈ニュースは事実をありのままに伝えることができる〉という確信だった。そのような確信は、近代合理主義の言語観にもとづいている。が、現代思想、現代言語論からすれば、それは私たちの錯覚・誤解だということになる。（同前）

この書き方は一種の読者いじめである。なぜなら読者も「ニュースが事実をありのままに伝えられる」と確信しているはずだからだ。そして玉木の著作を授業で使っている筆者も学生いじめをしていることになる。玉木は学生諸君が信じている内容は「誤解・錯覚」だったのだとまで書いているのだから。ここで、丁寧な説明を挟まずには読者も学生も反発し、議論から離れていってしまうだろう。

そう懸念して当時の授業で差し挟んでいた説明を、思い出しながら再現してみよう。

言葉はモノの名前か？

玉木が近代合理主義の言語観と呼んでいるのは、言葉はモノ（事物、事実など）の名前だと考える言語観だ。言葉の意味（内容）はそれが指示するモノである。同じ言葉が同じモノを指示しているので私たちは言葉を媒介として意志の疎通ができる――。そう考える言語観は、実は近代に始まったものではなく、もっと古くからあったものだと考える論者もおり、たとえばイタリアの言語学者トゥリオ・デ・マウロはアリストテレスにその起源をみて「アリストテレス的言語観」と呼ぶが、ルーツ探しはここでは無用だろう。

注目すべきは「言葉がモノの名前である」と考える言語観が「ニュースは事実をありのままに伝えられる」という考え方を支えていることだ。ニュース報道は言語表現であり、そこで使われている言葉が具体的な対象（事実）を指示している。だからこそ正しいニュース報道をしている限り、事実は正しくありのままに伝えられると考えられる。だが、その考えは実は揺らいでいる。それは近代的な言語観が現代思想、現代の言語論によって否定されているからだ。

たとえばハムスターという動物を見て、その動物に対して誰かが「ハムスター」という名（名詞）をつけた。アリストテレスや近代合理主義的言語観の持ち主はそう考えよう。しかし、もしもそうした命名者がいたとしても、彼はなぜ「ハムスター」と名付け、「マウス」や「ラット」とは命名しなかったのか。そこでは「マウス」や「ラット」とは異なるものとして「ハムスター」という言葉を使う言語習慣が命名に先行して存在しているからだろう。そうした言葉の使い分けがあらかじめなければ、数多くいる多種多様なネズミ類の中から「ハムスター」を呼び分けることはできないだろう。

そして言語習慣が違う文化では現実の認識も異なる。日本語では「ハムスター」に当たる語彙がなかったので、日本人は「ハムスター」という言葉を外来語として取り入れるまで、鼠の中にハムスターという種が存在していることを認識できなかった。

こうした事情を思うと、始めにモノ（事物、事実）があり、その名前として言葉が用いられるという考え方には無理がある。先にあるのはハムスター、ラット、マウス……と言葉を使い分ける言語習慣であり、そこではそれぞれの言葉の違いが意識され、その意識がネズミ類一般を細かな種類の違いに分類することを導く。

しかし英語ではハムスター、ラット、マウス……と使い分けるが日本語ではそうではなかったように、その分け方には必然性はない。文化によって異なり得る、あくまでも恣意的なものだ。言葉の音や文字的な面とその意味との関係とは恣意的である――現代言語学の祖と称されるフェルディナン・ド・ソシュールはそう考えた。これは言葉はモノの名前であり、モノと言葉は必然的に一対一に対応するとする言語観を否定するものだった。

そうした恣意的な言語習慣が成立して、ハムスターがラットやマウスとは異なるものとして認識可能となり、モノの世界が分節されて意識されるようになるというのが彼の提示する新しい言語観だった。

そして、もう一人、現代言語学のルーツとなった思想家の名前をあげればオーストリア出身の哲学者ルートヴィヒ・ウィトゲンシュタインだろう。ウィトゲンシュタインとソシュールの間に影響関係はないが、彼もまた言語の恣意性を指摘した。ウィトゲンシュタインは近代合理主義的な言葉使い、つまり何かを指示するために言葉を使うこともあり得ると考える。たとえば八百屋の店頭で野菜の名を呼んで、それを売ってもらうときなどがその例だ。

しかし言葉の使用法はそれに限られない。該当する事実が現実には存在していない嘘をつくこともできれば、空想を語ることもできる。ものの名前として言葉を使おうが、使うまいが自由。ウィトゲンシュタインは言語を様々な使用法を使い分ける一種のゲームに喩える。このウィトゲンシュタインの「言語ゲーム」理論でも、言葉とモノが一対一に対応すると固定的に考える立場が否定され、言葉使いの恣意性が強調されている。

こうした現代思想、現代言語論の言語観はニュース報道を考える立場にも影響を及ぼした。確かに言語が必ずしも事実を指示するとは限らない恣意性を孕むのであれば、言語を使うニュース報道が事実をありのままに伝えられるとは限らない。そうした考え方を採用した例として玉木は「ニュースは社会的構成物である」と考えるタックマンの『ニュース社会学』などを挙げている。確かに同書には「構築された現実としてのニュース」の章があり、「ニュースは社会を鏡のように映すのではない。ニュースは出来事を報じる過程で、その出来事を定義し形作る」と書かれている。

現代言語学が届かない

こうしてニュースが「事実の客観的記述」ではなく、「社会的構成物」であるとみなす見方は、欧米では理論研究だけに留まらず、報道の現場にも一定程度の影響力を持った。玉木はいくつか例を挙げているが、たとえば『タイム』は一九五二年に「客観性の物神崇拝」と題する論評を載せて「ジャーナリズムの最大の欺瞞的な決まり文句のひとつは、ニュース記事はつねに〈事実をして語らしめる〉べきだということである。思慮深い報道人であれば、そんなことはほとんど不可能であって、誠実なジャーナリストがしかるべき方法と視座のもとで事実を語る――したがって解釈する――ときに、はじめて事実が明解になることを知っている」と書いていたという。

だが、そうした影響がまったく及ばなかった無風地帯が存在している。それが戦後日本のジャーナリズムだった。この「ガラパゴス的な状況」は、なぜ導かれたのか。玉木はそこには歴史的な経緯が反映していると考える。

戦時中、日本の報道は大政翼賛体制に組み込まれ、軍と政府の都合のよい内容を大本営発表としてそのまま報じ続けた。それは負けていても勝利を謳うような内容で、要するに現実に照合しない嘘ばかりをついていた。

終戦を経て今度こそそうした偏向報道、虚偽報道から離れ、〈中立公平・客観報道〉に徹することを戦後日本のジャーナリズムは自らに誓った。たとえば一九四六年に新聞協会が制定した新聞倫理綱領にそうした考え方が典型的に示されている。

「日本を民主的平和国家として再建するに当たり、新聞に課せられた使命はまことに重大である。これを最もすみやかに、かつ効果的に達成するためには、新聞は高い倫理水準を保ち、職業の権威を高め、その機能を完全に発揮しなければならない」。そんな前文で始まる新聞綱領は以下のように述べる。

イ　報道の原則は事件の真相を正確忠実に伝えることである。
ロ　ニュースの報道には絶対に記者個人の意見をさしはさんではならない。
ハ　ニュースの取り扱いに当たっては、それが何者かの宣伝に利用されぬよう厳に警戒せねばならない。
ニ　人に関する批評は、その人の面前において直接語りうる限度にとどむべきである。
ホ　故意に真実から離れようとするかたよった評論は、新聞道に反することを知るべきである。

報道は何者かに利用されることなく〈中立公平〉に徹する。それは記者個人の意見を差し挟むことのない〈客観報道〉であり、事件の真相を正確忠実に伝えなければならない。

こうした誓いから戦後日本の報道は再スタートを切ったのだ。

しかし、この再スタートの時点で戦後日本のジャーナリズムは大きな間違いを犯す。〈中立公平〉〈客観報道〉を求めるときに、〈中立公平〉な〈客観報道〉は可能なのだと信じて疑わなかった。そして、それを信じるに際して、「ニュース言語は事実をありのままに伝えられる」とも確信した。事実を正しく指示する言語を正しく使えばニュースは正しく事実を伝えられるのだから、報道が〈中立公平〉で〈客観的〉なものになるためには自分たちが言語使いの優等生であればいい。こうして自分たちの努力によって今度こそ自分たちは報道の正義の側に立てるのだと考えた。

その確信の堅さに現代言語学の言語観が介入する余地はなかった。自分が正義の側にいると考える人が他人の話を聞かない、というよくあるパターンのバリエーションである。そして、言語観については言葉とモノは一対一の対応をし、言葉を使ってモノが指示できると考える近代的な言語観が採用され続けた。戦後日本ジャーナリズムの「内面」について玉木はそう考える。

先に筆者の経験として、ジャーナリズムの世界ではそれを成立させているメディアである言語について語られることがないと本章の冒頭で書いた。何を報道するかという内容のレベルではなく、どう報道するかという言語のレベルについて意識的ではないということが、現代言語学によって更新されることのない、古い言語観を維持させていると考えれば玉木の指摘にはうなずける。

「無署名性言語」の発明

こうしてガラパゴス的環境に置かれた戦後日本のジャーナリズムは、特殊な文体を用いるようになる。玉木は『ニュース報道の言語論』で三大全国紙から同じ内容を報じた記事を例に引く。

【ケネディ宇宙センター（米フロリダ）23日青野由利】向井千秋さん（四二）ら七人のクルーを乗せたスペースシャトル「コロンビア」は悪天候のため帰還が一日延び、米東部時間二十三日午前六時三十八分（日本時間同日午後七時三十八分）、フロリダ州・米航空宇宙局（NASA）ケネディ宇宙センターに無事着陸した。この延期で、宇宙滞在は十四日十七時間五十五分となり、シャトル史上の最長飛行時間を記録した。向井さんは初登場だったが、一回の飛行での宇宙滞在時間女性世界一を記録した（『毎日新聞』一九九四年七月二十四日）

【ケネディ宇宙センター（米フロリダ州）23日＝由衛辰寿】日本女性として初めて宇宙

を飛んだ向井千秋さん（四二）らを乗せた米国のスペースシャトル・コロンビアは、米東部夏時間二十三日午前六時三十八分（日本時間同日午後七時三十八分）、当初予定より一日多い十四日十七時間五十五分のシャトル最長飛行を記録し、ケネディ宇宙センターに戻った。国際協力の宇宙実験も順調に終え、二〇〇〇年代初頭運用される国際宇宙基地に向けての基礎を築いた（『朝日新聞』同）

【ケネディ宇宙センター（米フロリダ州）23日＝竹村政博、伊藤幹雄】日本初の女性宇宙飛行士・向井千秋さん（四二）を乗せたスペースシャトル「コロンビア」は十五日の飛行を終え、米東部夏時間二十三日午前六時三十八分（日本時間同日午後七時三十八分）、フロリダ州のケネディ宇宙センターに帰着した。（略）コロンビアは地球を二百三十六周し、総飛行時間は十四日十七時間五十五分となり、シャトル史上最長の飛行を記録。向井さんは、女性飛行士としては一フライトの最長飛行記録保持者となった（『読売新聞』同）

いかにも新聞報道らしい、事実のみを記したストレートニュースの文章だ。こうした事実が自らを語るような文体を、玉木は「無署名性言語」と呼ぶ。

ここで、おやと思う人もいよう。ここに引いた記事は外信記事だったり、現地に特派された科学部記者が書いていたりするので署名がついているではないかと。実は記事に署名があるかないかは先に引いた「放送の許認可体制の問題」や「記者クラブ問題」と並んで日本のジャーナリズム論では大問題とされてきた。日本の報道は無署名記事が多く、それが報道内容に対する無責任体制を育むと批判される傾向があった。製造物責任法を適用できないかという奇説すらでる始末だった。

こうした批判に対応するように、新聞の署名記事率は高まり、最近では多くの新聞で、社説を除き、ほとんどの記事に署名がついている。しかし玉木が用いる「無署名性言語」という概念は、記事に署名があるかないかとは実は直接的に関係しない。そのことに注意を払わせるように玉木は敢えて海外特派員の署名がある記事を無署名性言語の使用例として挙げたのだろう。

ここに引いた記事は、それぞれの記者によって細かな事実の取捨選択の違いがある程度で、全体においては報道内容に違いがない。新聞によっても印象の違いがない。要するにどの新聞で、誰が書いたかが問題になるような文体ではない。署名があろうがなかろうが関係なく、誰が、どの場面で書いたかが問題にならないような記事の文体を、玉木は「無署名性言語」と名づけている。

そして、この無署名性言語こそ〈中立公平・客観報道〉という理念を実現させるべく採用されたものだと玉木は考える。確かに記者や媒体の名が意味を持たないほど〈中立公平〉だし、淡々と事実が書き連ねられ、まさに「事実が自らを語る」かのような文体なので〈客観報道〉といえるだろう。こうした無署名性言語が採用されることで「ニュースは事実をありのままに伝えることができる」と確信する言語観が具現化される。

「思われる」と「みられる」

それに対して次の文章はどうだろう。

【パリ21日＝大井屋健治】欧州連合条約（マーストリヒト条約）の賛否を問うフランスの国民投票は二十日に行われ、即日開票の結果、賛成五〇・八二％、反対四九・一八％で同条約の批准が確定した。ミッテラン大統領は同夜、国民に対して感謝の意を示した。欧州統合を主導してきたフランスの国民が同条約に「ウイ」の意思表示をしたことにより、六月のデンマーク国民投票での可決でつまずきかけた統合の歩みは、一応立て直されたといえる。また、欧州通貨危機にも当面、歯止めがかかるとみられる。しかし、「賛否伯仲」の世論を反映した僅差の勝利は、一方で欧州連合への不信が依然払拭されていないことも示しており、条約手直しへの圧力が強まるのは避けられない見通しだ。（『朝日新聞』一九九二年九月二十一日夕刊）

客観報道を旨とする「新聞らしい」文体を貫きつつも、そこに判断が含まれていることに注意すべきだ。統合の歩みが立て直されるかどうか、欧州通貨危機に歯止めがかかるかどうかは未来の話なので、事実を持って語ることができず、誰かが予想し、判断を下す必要がある。「いえる」「みられる」はあきらかに判断を示す表現である。

前章で、こうした「いえる」「みられる」といった新聞報道に独特な語尾表現を翻訳調とみなす野元菊雄の考え方を紹介した。しかし、これは翻訳調ではない。「ロ　ニュースの報道には絶対に記者個人の意見をさしはさんではならない」とする倫理規範で自らを縛った戦後日本のジャーナリズムは記者に判断を許さない。だが判断しなければ記事が成立しないときには選ばれた表現なのだと玉木は考える。

そこでは記事の水面下で複雑な操作がなされている。

> ここでは、いったん〈一人称＝わたし〉を〈一人称複数＝われわれ〉の地平にまで引き上げ、そのうえで〈人称＝われわれ〉を省略するという手のこんだ操作がほどこされていることがみてとれるだろう。（『ニュース報道の言語論』）

客観報道に徹し、記者が判断を記事に挟むことが許されないので「私は○○だと思う」

とは書けない。記事は誰が書いたかということが意味を持たない「無署名性言語」で書かれなければならないのだ。

そこでどうするか。記者一人だけでなく誰が見てもそう思うに決まっているような判断を下すという方法が選ばれた。誰が見てもそう思うというのは、いわば社会的な事実であり、そうした事実を反映させて記事にすれば、それは客観報道のバリエーションとなる。そのために主語は「記者＝私」ではなく、記者を含めた一人称複数の「われわれ」でなければならない。

しかし「われわれは○○だと思う」と書いてもまだ「一部の特定勢力」が「われわれ」を主語として主張のこもった判断をしているような恣意的な印象が残る。そこで採用されたのが受身形にして主語を省いてしまうという方法だった。主語がない、あるいは主語の概念が意味を持たないといわれる日本語の特徴がここで生かされる。文法上の主語は「われわれ」なのだが、省かれることで「われわれ」が誰か具体的に意識されることがなくなり、誰が見てもそう思うに決まっている判断を下している印象を文章が持つことになる。

こうして実質的には判断を下しつつも、特定の誰かの判断ではないと示すことで無署名性言語の使用範囲内に報道を留め、〈中立公平・客観報道〉の体裁をかろうじて守る。「思われる」「みられる」という表現が新聞に多用される背景には、こうした経緯があるというのが玉木の考え方だ。「みられる」「いわれる」といった受け身の語尾は、「ニュースは現実をありのままに示せる」と確信する戦後日本のジャーナリズムが、判断を含む報道についてもその確信を維持しようとして選ばれたのであり、翻訳調なのではない。そこにはあくまでも〈中立公平・客観報道〉を極めたいと望む戦後日本ジャーナリズムの「内面」、つまりその集団心理が示されている。

誰もがそう思うはず

しかし、こうした操作を経て作り出された記事は時に、自らの原理原則であるはずの〈中立公平・客観報道〉をむしろ大きく逸脱してゆく。「われわれ」を主語に立てては消す操作に、その元凶があるのだと玉木は考える。『ニュース報道の言語論』でまず引かれるのは、一九九二年に高知で起きた殺人事件を伝える記事だ。

高知市内の公務員（四四）の二女＝私立中学一年生＝が五日早朝、刺殺された事件で、高知県警は殺人事件として高知署に捜査本部を設置。第一発見者の長女A子容疑者（一六）＝私立女子高一年＝の証言があいまいなため追求したところ、「妹とは性格が合わず、精神的プレッシャーがあったので殺した」と犯行を自供。同日午後十一時、殺人容疑で緊急逮捕した。「性格の違い」が殺人の動機になったことに教育関係者は

大きなショックを受けている（『毎日新聞』一九九二年三月六日朝刊）

捜査本部のこれまでの調べでは、長女は控えめな性格。県内の有名女子高に入学してからも勉強一筋に取り組んでいた。これに対し、二女は陽気で発展的。優等生的な姉に反発、けんかが絶えなかったという。長女は「自分は暗く地味。妹にねたみがあった」と供述、性格の違いが日常生活の中で、プレッシャーとなったとみられる。（同）

事件の内容は報道されている通りなのだが、文末の「みられる」に注目したい。A子容疑者はすでに警察に身柄を確保されているので記者が直接接触し、取材することができない。記事の中のカッコでくくられている部分は、県警の開催した記者会見なり、警察関係者への取材で聞き出された内容だろう。警察が勝手に語っている可能性を排除すれば「性格が合わず、精神的プレッシャーがあったので殺した」は犯行の動機を、「自分は暗く地味。妹にねたみがあった」自分自身の性格を説明する容疑者自身の言葉だと考えられる。それに対して記事末の「性格の違いが日常生活の中で、プレッシャーとなったとみられる」はこうした取材を通じて、記者が警察を媒介として伝えられた容疑者の説明を妥当とみなした判断を示す文章だ。そこでも記者自身の判断ではなく、誰でも同じように判断するだろうという事実を示して「みられる」の語尾表現が選ばれている。

しかし記者はなぜ容疑者の説明が妥当だと判断したのか。誰もがそう思うはずだと考えたのか。地味で暗い姉は陽気で発展的な妹にねたみを感じて当然であり、プレッシャーから殺人までしてしまうこともありえないわけではないと記者は考えた。そこには「人間はそうしたもの」とみなす「類型的な判断」が踏まえられている。

逆にいえばそうした類型的な判断が下せなければ、警察を通じて伝えられた容疑者の動機の説明をそのまま記事にすることはなかったはずだ。たとえば性格が実際とは反対に、妹の方が地味で暗く、姉が陽気で発展的だったのに、姉が妹を殺害していたら、「性格にプレッシャーを感じて殺人にまで発展したとみられる」とは書けなかっただろう。

この例に明らかなように「みられる」「いえる」といった無署名性言語で判断を下す表現は、常にスムーズに実現可能なわけではない。多くの人が同条件であれば同じように思う、いわゆる「類型的な判断」であれば、それは可能だ。つまり初めから多数決で勝っているような案件について、改めて判断を重ねるような場合にはうまくゆく。

だが「誰でもそう考える」類型的判断に反する判断を記者が下したいケース、多数派の判断に抵抗して少数意見を述べるようなケースではそうはゆかなくなる。

松本サリン事件の現場

次に引かれるのは一九九四年に松本市で発生した有毒ガス中毒事件の記事である。六月二十七日の深夜、松本市に住む会社員より「胸が苦しい」という一一九番通報があった。救急車が駆けつけると不調を来しているのは通報した会社員だけではなかった。被害者は結果的に死者八人、重軽傷者六六〇人にも及んだ。

誰が毒ガスを撒いたのか。

会社員は同日までの事情聴取で、庭の樹木にまいた薬物の効き目がなかったので、自分で薬品を希釈する作業をしていたところ、いきなりガスが発生した、という内容の供述をしているという。

会社員は、事件の発生した二十七日の午後十一時九分、「胸が苦しい」などと一一九番し、事件の第一通報者となった。これまでの調べで、有毒ガスの発生源はこの会社員宅敷地内の池周辺と判明。自宅に劇薬を含む薬品二十数点があるのが見つかり、押収された。会社員宅の庭でなんらかの薬品を調合中、作業にミスが起きて、有毒ガスの発生に至ったのではないかとみられている。(『毎日新聞』一九九四年六月三〇日夕刊)

この記事末の「みられている」も類型的判断を示す。これらもまた事情聴取をした警察経由の情報だろうが「毒ガスが発生した」という事実、発生した地区の中で「農薬を自分で製造しようとしていた会社員がいた」という事実。二つを繫げれば「会社員宅の庭でなんらかの薬品を調合中、作業にミスが起きて、有毒ガスの発生に至ったのではないか」と誰もが考えよう。そうした判断として記事では「みられている」の表現が使われている。

この記事が出た頃からマスメディアでは第一通報者であった会社員を犯人とみなす報道を大量に繰り広げるようになる。

しかし会社員はもちろんサリン製造犯ではなかった。にもかかわらず全メディアが会社員を犯人視報道したこの件は、日本の戦後報道史上最大級の冤罪報道となる。

とはいえこのとき、現場では会社員が犯人だとする説は、実は語られていなかったという。後の報道検証で明らかになったが、松本署の警察官は会社員犯人説が流れていると知って「それはおかしい」と記者に語ったともいう。記者の中にも周囲の聞き込みで会社員の人柄を知ったり、農薬を製造したとされる場所を視察する中で、本当に会社員が毒ガスを現場で製造したのかと疑問に思った者がいたという。

しかし、その疑問は記事に反映しなかった。新聞倫理綱領には「ロ　ニュースの報道には絶対に記者個人の意見をさしはさんではならない」とする規範があり、「会社員宅の庭でなんらかの薬品を調合中、作業にミスが起きて、有毒ガスの発生に至ったのだろう」、「そういうこともありえるのだろう」とする類型的な判断が大勢を占める中で、むしろ現場で事情をよく知る者の意見が記者の私見として排除されてしまう。ここに無署名性言語が冤罪報道を導く構図がある。類型的な判断を前に現場の記者は異議申し立てができないのだ。

イエスの方舟事件

玉木が挙げている事例をもうひとつ紹介しよう。今度は一九八〇年に発生したいわゆるイエスの方舟事件をめぐる報道である。

東京・多摩地区から女子高生や女子大生、OLなど若い女性ばかり住人が次々に失跡していることが、六日までのサンケイ新聞社の調べでわかった。この女性たちは、全員が宗教法人の認可を受けていない「極東キリスト教会・イエスの方舟（はこぶね）」＝五十三年当時、東京都国分寺市××町×－××－×（原文は実名表記：引用者註）＝に〝入信〟しており、懸命に娘を探す家族たちに「イエスの方舟」側は「娘さんたちはうちにはいない」といい続けていた。ところが一昨年五月、千石イエスと名乗る五十六歳の〝教祖〟が女性たちといっしょに突然姿を消してしまった。家族から捜査願いを受けた警視庁防犯部は〝特別捜索班〟をつくって捜査しているが、手がかりはなく女性たちはいまなお〝教祖〟とともに放浪生活を続けているものとみられる（『サンケイ新聞』一九八〇年二月七日朝刊）。

ここでも記事末は「みられる」だ。そこでも「われわれ」を一度立てて消す操作が施されている。しかしこの場合、「われわれ」とは誰なのか。「女性たちが失跡した」という事実、女性たちは「認可を受けていない極東キリスト教会・イエスの方舟と名乗る宗教団体に関係していた」という事実、それらをもって「女性たちはいまなお〝教祖〟とともに放浪生活を続けている」とまで判断するのは、いわゆる類型的な判断を超えている。誰もがそう考えるほど一般的な事例ではないからだ。であればそこで一度は持ちだされ消された「われわれ」とは誰なのか。

実はこのサンケイ新聞の記事はこの事件を扱った最初のものではなかった。『婦人公論』に二回にわたって娘がイエスの方舟にさらわれてしまったと訴える母親の手記が掲載されていた。

そのころ、〝教会の刃物研ぎ〟といって数人のおばさんふうの女性と男の人が私どもの住んでいる区域をまわっておりました。私のところにも年に二回ぐらい来ましたので、芝刈りばさみなどを出した記憶があります。それは、キリスト教の教会の奉仕活動のひとつなのだと思っておりました。

ところが、実はその集団こそ〝イエスの方舟〟というもので、奇怪なグループだったのです。

私ははじめてその事実を知りました。

この刃物研ぎは、実は勧誘の手段で、気を許して何度か本部に行っているうちに心やすくなり、世間話しながら悩みを聞き、相談にのり、不思議な世界へ誘い始めるのです。娘たちのほとんどはこの手口で入会させられています。井上さんの娘さんもこの手口にかかったのだそうです。しかも、お話を聞いてみると、惹きつけられて、〝行方不明〟になったのがみな二十歳から十七、八歳の娘さんたちばかりというのも異様でした。どうやら、千石という男は自分を「イエス」と呼ばせて、周囲に十数人の若い女性ばかりを集めているらしいのです（「千石イエスよ、わが娘を返せ」一九八〇年一月号）

翌日、朝から集団の近所の家を訪ね歩きました。意見は、皆一様に恐ろしいところだという点が一致しておりました。

「夜中に逃げ出す娘さんを二手にわかれて追いかけていた」と話してくれました。

「裸で中央線のほうに逃げる娘を千石剛賢らしい男が大きな毛布を持ってつかまえた」「お腹の大きな人が裸で逃げ出すのをすぐつかまえた?」「この橋のところでつかまって、いやがるのを無理に車に載せて連れ戻したのですよ」とも言っていました

(「私の娘も攫われてしまった」三月号)

これらの手記は娘が行方不明になった母親の立場で書かれている。手記であれば読み手もある程度は一方的な見方になろうとわきまえて読む。

それに対してサンケイ新聞の記事は〈中立公平、客観報道〉を旨とする新聞報道だ。だが、そこで「女性たちはいまなお〝教祖〟とともに放浪生活を続けているものとみられる」と判断した「われわれ」は、手記を書いた母親と同じ判断を下している。

玉木は一度は立てられ、最終的に消される「われわれ」に母親たちが「憑依」していると形容する。にもかかわらず「われわれ」が消されているので、憑依したのが誰だったか、特に意識されない。「娘たちが行方不明になった」事実は、誰が見てもそう考えるような客観性を伴う確かなものと読者に印象づける。特定の意見を、あたかも一般的な事実のように変換してしまうのが無署名性言語ニュース報道の特徴なのだ。

「イエスの方舟」はこのサンケイ新聞の記事が口火を切る役割を果たし、新興宗教団体による前代未聞の集団誘拐事件として世間の関心を集め始める。週刊誌では千石イエスへの

バッシング報道が繰り広げられ、千石に逮捕状が出されるまでにエスカレートする。

そんな状況の中で突然、千石が世間の前に姿を現した。持病の心臓病が悪化して緊急の治療が必要となったのだ。そのとき、行方不明だった娘たちも千石と一緒に姿を現し、自らの口から事態の説明をした。そこには、それまで報道を席巻していた母親の見方とは違う見解が示されていた。曰く、自分たちの家族には問題があった。家族から避難するために、自分たちは自分の意志で家を出て、千石の下に身を寄せていた。しかし親が身柄の奪還を強引に求めるようになったので、耐えられずに千石とともに放浪を始めたのだと。

入院し、治療を受けるに至った千石に逮捕状は執行されず、彼の退院後、娘たちは再び千石と生活をともにし、福岡でクラブを経営して生計を立てながら共同生活を続けた。そうした経緯を思えば、娘たちが強制的に誘拐されたわけでなかったことは間違いなかった。つまり今度も報道されてきたような誘拐事件ではなかった。母親の立場にたって事件を報じた「憑依された」報道は、無実の宗教家を若い女性を監禁する狂った教祖とみなして断罪しようとした冤罪報道だったのだ。

そこにも無署名性言語が関わる。サンケイ新聞が母親の立場から判断を下す一方的な記事であることを「われわれ」を消す手法で隠蔽し、あくまでも客観報道の体裁で報道をすることがなければ、報道が世論を沸騰させ、司法を動かして危うく冤罪事件を起こさせるまでに至る流れは成り立たなかった。

「正しさ」の罠

最後に玉木が挙げている中でも最も無署名性言語の恐ろしさを感じさせる事例を引く。『朝日新聞』一九八九年四月二十日付夕刊に「サンゴ汚したK・Yってだれだ」と題した記事が掲載された。

これは一体なんのつもりだろう。沖縄・八重山群島西表島の西端、崎山湾へ、長径八メートルという巨大なアザミサンゴを撮影に行った私たちの同僚は、この「K・Y」というイニシャルを見つけたとき、しばし言葉を失った。

巨大サンゴの発見は、七年前。水深一五メートルのなだらかな斜面に、おわんを伏せたような形。高さ四メートル、周囲は二十メートルもあって、世界最大とギネスブックも認め、環境庁はその翌年、周辺を人の手を加えてはならない海洋初の「自然環境保全地域」と「海中特別地区」に指定した。

たちまち有名になったことが、巨大サンゴを無残なかたちにした。島を訪れるダイバーは年間三千人にも膨れあがって、よく見るとサンゴは、水中ナイフの傷やら、空気ボンベがぶつかった跡やらで、もはや満身傷だらけ。それもたやすく消えない傷なのだ。

日本人は、落書きにかけては今や世界に冠たる民族かもしれない。だけどこれは、将来の人たちがみたら、八〇年代日本人の記念碑になるに違いない。百年単位で育ってきたものを、瞬時に傷つけて恥じない、精神の貧しさの、すさんだ心の……。

にしても、一体「K・Y」ってだれだ。


「写'89——地球は何色?」と題された写真と記事で自然破壊の深刻さを訴える連載記事のひとつだった。百年単位で育ってきた巨大サンゴに付けられた落書きはいかにも痛ましく、多くの読者が呆れ果てた。その意味では成功した記事のひとつに数えられるはずのものだった。

ところが記事が出てから数日のうちに地元ダイバーから問い合わせが朝日新聞社に数多く寄せられる。「サンゴにK・Yの落書きはなかったはずだ」という内容のものだった。不審に感じて朝日側が調査すると、報道に当たったチームの一員で撮影を行った潜水カメラマン自身がストロボの柄で落書きを掘って撮影していたことが発覚する。自然破壊をやめさせるように訴える記事で、取材者自らが自然破壊をしていた。この捻れた事実は衝撃的であり、メディアは一斉に朝日バッシングに走る。世論も沸騰し、結局、朝日では当のカメラマンだけでなく、当時の社長もが辞任するに至った。

この事件から半年後、朝日新聞は紙面三ページを使ってこの事件を自ら検証する記事を作っている。そこで指摘された問題点は、

①写真選びの段階でのチェックの甘さ
②状況の把握を遅らせた情報伝達の不備
③アンカー方式（間接取材）の盲点
④現場調査の不備

であった。

だが、これでは論点は尽くされていないと玉木は考える。玉木は「自分も同じことをしていたかもしれない」と応える他のジャーナリストのコメントを引いている。なぜそう考えるのか。それはこの事件がチェックの甘さ等、そのときにニュース作成過程にありえた特殊事情に起因するだけではなく、戦後日本のジャーナリズム言語そのものに起因しているから。だからこそジャーナリズムに関わり、同じジャーナリズム言語を使う者がみな「自分も同じことをしていたかもしれない」と感じるのだと玉木は考える。つまりこれも「無署名性言語」の問題なのだと。

なぜ無署名性言語の位相においては、どのような判断的立場でも仮構されうるのか。それは、もともと無署名性言語が〈一人称＝わたし〉をいったん〈一人称複数＝われわれ〉の位相に引き上げ、そのうえで〈一人称複数＝われわれ〉を省略するという憑依のメカニズムを内包しているからである。……この記事の場合、その〈われわれ〉の立場にあたるものとは何か。ここでは、それ自体異論の余地が無い自然保護という流通観念がその役割を果たしているだろう。（『ニュース報道の言語論』）

自然保護の重要性には誰も異議申し立てできない。だからこそ自然保護の重要性を認識する〈われわれ〉の判断は有無を言わさぬ居丈高なトーンを帯びる。「見られる」等の語尾はこの記事にはないが、「一体なんのつもりだろう」「（これは）精神の貧しさの記念碑になる」等々の強い断罪的な表現は、〈われわれ〉が正義の高みから言葉を発しているからだ。

そして自然保護の重要性を訴えるには、悲惨な自然破壊の事実をもって、事実自らに語らしめるように示すのが最も効果的である――。

この記事の不幸は、そうした報道の方向に見合う事実を、実際に記事を制作するスタッフがみつけられなかったことだろう。もしも記者自身に自分の経験や考えを述べる自由があれば、それでも違う展開もあったかもしれない。だが〈中立公平〉〈客観報道〉の理念の下では記者が個人的な意見を述べることは許されていない。カメラマンは自然保護の重要性を訴えるために必要な事実を手に入れるために、自ら自然破壊を行って証拠写真を撮影するというマッチポンプを強いられた。無署名性言語はこうして「やらせ」すら誘発するのだ。

自分さえ気をつけていれば、捏造や誤報、冤罪報道をすることはない。そんな優等生的なジャーナリズム観ではカバーできない問題を戦後日本のジャーナリズムは抱え込んでいる。ジャーナリストが、ではなく、ジャーナリズムの言語が捏造や誤報を生み出す土壌になっているのだ。こうした構図がある以上、関係者の処分がいかに重くても再発防止には繋がらない。玉木にいわせれば「言葉」の問題を「人」の問題だと考えて対処するのでは報道事件・事故はなくならない。汚れた土壌を浄化せずに、その上に種を蒔いても草木は枯れ続けるのと同じで、言葉のシステム自体を変えないから、その上でいかに「人」を変えようとも同じ問題が繰り返されるのだ。

ニュー・ジャーナリズムの可能性

では、どのようにすれば言語のシステムを変えられるのか。

玉木のもう一冊の著作『言語としてのニュー・ジャーナリズム』にヒントが隠されてい

たのだと思う。トム・ウルフなどによって実践された「ニュー・ジャーナリズム」の特徴のひとつが小説風の三人称の文体の採用にある。

ニュー・ジャーナリズムは従来の新聞報道を「オールド」とみなしてその刷新を目指したが、作品の発表の場として雑誌、そして書籍に焦点を合わせた。新聞報道では事件・事故の速報が求められる。ニュー・ジャーナリズムは新聞が報道するような事件・事故を相手にしない。著者が個人的に関心をもってきたテーマが選ばれる。それは過去に起きて、すでに時間が経っている事件・事故だったり、多くの人が意識しないまま現在も密かに進行中の現象であったりする。そうした取材対象に対してニュー・ジャーナリストたちは時間をかけて多角的な取材をする。多くの証言を獲て、関係資料を読み込むことで取材対象の全体像が浮かび上がってきたとき、それをひとつの出来事として描き出す。

そのとき、トム・ウルフやゲイ・タリーズが選んだのが「三人称の視点」でつづられる、近代小説のような文体だった。過去の出来事の場合、それが起きたときにジャーナリスト本人はそこに立ち会っていない。出来事を現在進行形の物語調で描こうとすれば、そこに存在しなかったジャーナリストが一人称で登場することはなくなる。現在進行中の現象を描くときにもニュー・ジャーナリズムではジャーナリストは姿を消す。ジャーナリストが伝聞のかたちで出来事を描くよりも、読者の目の前で出来事が起きているように書いた方が、臨場感が強まるからだ。

ニュー・ジャーナリズムが扱うのは皆が関心を寄せている大事故などではない。大事故であれば、そこで起きている事実に対して読者の方から近寄ろうとして記事を読む。しかしニュー・ジャーナリズムが扱う多くの出来事は、多くの人がそれまで関心を払ってこなかったものだ。見過ごしてきた出来事に読者の関心を引き寄せるには、まさに目の前でその出来事が起こっているかのように感じさせる臨場感が必要となる。三人称の視点で書かれた文体はひとつにこうした事情で選ばれた。

秒読みの最後の三十秒では、時間が恐ろしい速さで過ぎてゆくように思われた。三十秒が経過すると、ロケットは彼の背中の真下で火を噴いた。その最後の瞬間に、彼のこれまで歩んできた人生が、彼の眼前をよぎるということもなかった。とくに強烈に、母親や妻子の姿を思い浮かべたわけでもなかった。まったく、彼の頭にあったことは、飛行中断の種々の手順、チェックリストそしてヘマをしないことだった。彼のイヤフォンに流れてきたデューク・スレイトンの「十……九……八……七……六……」という最後の秒読みの声にしても、またその他のどんなことにしても、彼は生半可な注意しか払わなかった。このぎゅう詰めになった小さな豆さやの中では、重要な言葉は最後の言葉だけであった。彼はデューク・スレイトンがその最後の言葉を口にするのを聞いた、「点火！……さあ、ホセ、行って来いよ！」（トム・ウルフ『ザ・ライト・スタッフ』

中野圭二、加藤弘和共訳、中央公論社、一九八一年)

人類を宇宙空間に送り出すことを目的として、アポロ計画に先行して進められたマーキュリー計画。米空軍の名パイロットだったアラン・シェパードがそこに選出され、最初の宇宙飛行士として大気圏外に打ち出される。トム・ウルフはこのシーンをシェパードだけでなく、NASAの管制官のデューク・スレイトンや、それ以外にも打ち上げに関わったスタッフたちに取材して書いたのだろう。しかしウルフ自身の姿はそこにはない。打ち上げのとき、マーキュリーロケットの船内で起きていたことを眼前に示す臨場感溢れる筆致で書いている。トム・ウルフがそこに立ち会えなかった以上、彼がそのシーンに登場することはないし、語り手として一人称で物語を語ることもない。

著者がその存在を消すという表面的な事実のみに注目すればニュー・ジャーナリズムの三人称文体は、日本の戦後ジャーナリズムの無署名性言語と通じる。しかしニュー・ジャーナリズムでは作品の中にこそ著者が登場しないが、無署名性言語とは対極的に署名性が極めて高い。『ザ・ライト・スタッフ』はトム・ウルフの渾身の傑作だし、『汝の父を敬え』(常盤新平訳、新潮社、一九七三年)は自分自身も移民の末裔であったゲイ・タリーズにしか書けないイタリア移民家族の感動的な物語だ。

武器としての三人称

戦後日本ジャーナリズムの無署名性言語が、社会通念によって憑依される「われわれ」を通じて書き手を支配するのに対して、ニュー・ジャーナリズムの三人称の文体はあくまでも書き手の支配下にある。すべて書き手が自分の意志で書いた作品だから、責任は書いた著者にもちろん帰着する。

臨場感を求めるだけが、三人称の文体が選ばれた理由ではない。ベトナム戦争の泥沼に落ちてゆくアメリカ政府の内幕を描いたハルバースタムの『ベスト&ブライテスト』（サイマル出版会、一九七六年、朝日文庫、一九九九年、のちに二玄社、二〇〇九年）、そしてウォーターゲート事件で大統領自身が辞任に追い込まれてゆくニクソン政権を描いたボブ・ウッドワード、カール・バーンスタインの『最後の日々』（立風書房、一九七八年、のちに文春文庫、一九八〇年）が三人称の物語調で描かれたのは取材セッションの実際を隠す意味があった。いずれの作品も政府の中枢や関係者に数多く取材しているが、その中では利害関係上、実名での取材を受けられない者も多かった。そんな取材を依頼する際に、ニュー・ジャーナリズムで作品を書くということが交渉条件になる。確かに話は聞かせてもらいたいが、作品になったときにあなたが取材を受けた事実は書かれない。あなたは物語の登場人物の一人として作品に出てくるだけだ――。そのとき、起きていた出来事を同時進行的な三人称の物語として描くニュー・ジャーナリズムゆえに取材セッションを隠すことができる。ウッドワード、バーンスタインの出世作となった『大統領の陰謀』（立風書房、一九七四年、のちに文春文庫、一九八〇年）では、政府側の秘密をリークしてくれる協力者を得て「ディープスロート」として記事内に登場させていた。結果として『大統領の陰謀』が発表されると、ディープスロートは誰だったかという詮索作業が長く続くことになる。それは『大統領の陰謀』が取材セッションを書いてゆくオールド・ジャーナリズムのスタイルで書かれていたからで、一転してニュー・ジャーナリズムの文体を採用した『最後の日々』ではディープスロートの存在すら表現の水面下に隠される。これを玉木は「武器としての三人称」と呼ぶ。

この武器を駆使することで、たとえばウッドワード、バーンスタインはホワイトハウスの内側を克明に描き出した。キッシンジャーが秘書にどんな対応をしたか、公式の記者会見や取材を通じてでは描かれようもないディテイルが描き出された。

キッシンジャーはそうした電話のあとで部屋から出てくることがあった。「いまのやつを誰かとっていたかね？」と尋ねた。
小さな秘書室にいる四人の女性の一人が手を上げる。
「あんなにひどい話は初めて聞いたんじゃないか？」とキッシンジャーが訊いた。秘書がうなづく前に、キッシンジャーは踵を返し、首をふりながら、独り言を言うのだった。（ウッドワード、バーンスタイン『最後の日々』常盤新平訳、文藝春秋、一九八〇年）

しかしこうした「武器としての三人称」はジャーナリストを危機に陥れることもある。

キッシンジャーはその小部屋に入っていった。いつも見かけてきたように、大統領は椅子にすわっていた。ニクソンは彼をこの国で最も尊敬される人物にしてくれたのであるが、長官はどうしても彼に好意的になれなかった。二人はしばらく腰をおろして、さまざまな事件、旅行、ともに検討した決定などの思い出を語り合った。大統領は飲んでいた。辞任するつもりだと言った。そのほうが誰にとってもいいだろう。二人は静かに話をつづけた——歴史、辞任の決意、外交問題について。（同前）

『最後の日々』の、まさにクライマックスに当たる箇所だが、ウッドワード、バーンスタインはこれをどのように書いたのか。先ほど引用したキッシンジャーの執務室であれば数多くの秘書の中の誰かが取材を受けた可能性がある。しかし、このとき、大統領執務室にはニクソンとキッシンジャーしかいない。長く政権運営をともにした二人だけだからこそニクソンも心を許し、この後、キッシンジャーに涙を見せ、弱音を吐くシーンが続く。

しかし、この箇所に登場するニクソン自身は二人の取材を受けていない。ニクソンを辞任においやった『大統領の陰謀』の報道があった以上、それは当然だろう。キッシンジャーに二人は僅かの時間、話を聞いただけだ。その短い取材だけでこのシーンが描けるとは思えないし、それではウッドワード、バーンスタインが後書きに述べる「少なくとも二人以上の証言を踏まえないで書かれた箇所はない」という言葉を自ら裏切ることになる。

そうではなく、この箇所を書くにあたって二人はキッシンジャー以外にディープスロートを得ていたのか。ここでも真相はもちろん明らかにはされないし、ディープスロートという思わせぶりの名前すら使われない。すべては表現の水位の下に沈んでしまう。

しかし事実のみを書くというジャーナリズムの掟を裏切ったのかどうかの疑惑を含め、すべての責任をウッドワード、バーンスタインの二人は負う。それはニュー・ジャーナリズムが署名性を担った仕事だからだ。

ニュー・ジャーナリズムの三人称の文体は一人称の責任とつながっている。それが戦後日本の無署名性言語が一人称を排除するのと異なる点である。まず『言語としてのニュー・ジャーナリズム』を上梓し、次に『ニュース報道の言語論』を書いた玉木は、こうした差異を明らかに示したのだ。

戦後日本のジャーナリズムが無署名性言語というシステムの呪縛を逃れて変わってゆくためには署名性を回復してゆく必要がある。その署名性は記事に署名がついたり、記者が

「おれが、おれが」と連呼することとは異質だ。それは三人称の文体や無署名記事とも両立する。それは記事に署名があるかないか、あるいは記者が一人称で登場するかどうかを超えて、あくまでも自分の意志で報道を実践し、その表現の言語を自分の支配下に置こうとする意志の徹底を示すものだ。

ニュースとは、言葉であり、そうである以上、ジャーナリズムが変わるためには、まずその言語観、言語システムが変わらなければならない。言語観が変わるというのは無署名性言語に隷属しつつ、それに気づいていない状態を脱却し、報道（言語）に対して主体性を回復するということ。それこそが日本語のジャーナリズムに必要な改革だと玉木は考えているのだ。

それはジャーナリズムの営みの中で客観報道の科学性を競い合う「優等生」競争をするのではなく、ジャーナリズムという営み自体を相対化し、言語表現としてのそのあり方を観察・分析して、その危うさを意識しながら、社会的効用＝公益性が認められる範囲でジャーナリズムの言語を使う、そんな自覚的なジャーナリストになるということでもあるのだろう。

ジャーナリズムの言語もまたウィトゲンシュタインのいう「言語ゲーム」のなかにある。日本語のジャーナリズムは特殊なルールを持つゲームのひとつなのだ。本当のジャーナリストとはジャーナリズムという「言語ゲーム」をよく理解し、正しくプレイできるプレイヤーのことではないか。日本語には日本語のジャーナリズムがある。それは日本語を相対化する「外」からのまなざしによって、自らの限界を自覚しつつ、可能性を最大化しようとするものなのだろう。

7

中立公正の理念とジャーナリズムの産業化

——大宅壮一と清水幾太郎

大宅壮一のジャーナリズム気質

前章で、「中立公平」の概念を巡る玉木明の議論を追った。それに異論を唱えるわけではないが、「中立公平」に関しては、戦後からではなく、戦前にまで歴史を遡って別の視点も紹介しておきたい。

戦後、大量の原稿を書くだけでなく、テレビ、ラジオでの発言の機会も多く、「マスコミ帝王」の称号をほしいままにしたジャーナリスト大宅壮一。大宅自身は七〇年に死んだが、彼の蔵書を基にして、作られた雑誌専門図書館「大宅壮一文庫」はマスコミ関係者に数多く利用され、訪問者は館内に張り出されていた大宅の肖像写真を嫌でも目にしていた。筆者も生前の大宅を知らず、肖像写真の大宅のギョロ眼ににらまれながら大宅文庫の世話になった世代だ。

大宅文庫のヘビーユーザーだった専業フリーライター時代の後に大学でメディア史を教えたり、それを研究対象のひとつとするようになって、ジャーナリズムの歴史についても調べる機会が増えた。日本のジャーナリズム史において大宅はどうしても避けては通れない大物であり、ずいぶん後になって彼の仕事をまとめて読む機会があった。「恐妻」「一億総白痴」「駅弁大学」など数多くの流行語の産みの親であることは知っており、どこか浮薄な印象を持っていたが、初めは義務感で読んでいたテキストの中に見識の確かさを見つけ、感心させられることが何度もあった。

そんな大宅はマスコミ人でありつつ、戦前から一貫してマスコミ批評の文章を書いていた。自分自身の仕事のあり方を「引いた」立場に省みることを常に忘れなかったところに、生来のジャーナリスト気質を感じる。一九三五年には『ジャーナリズム講話』(白揚社)と題した本も刊行している。

その中で大宅はこう書いていたのだ。


初期のジャーナリズムは、ブルジョアジーのイデオロギー的前衛隊としての役割が主であったために、指導性、宣伝性、主観性が濃厚に現れていた。報道性、その他を無視していたわけでは決してないが、そこまでじゅうぶんに気をくばる余裕がなく、第一の使命にむかってひたむきに猛進していたのである。……したがってこの時代のジャーナリストは、「社会の木鐸」をもってみずから任じ、世人もまたこれを認めていた。商品性、営利性は、第二義的もしくは第三義的な意義しか持たぬもの、もちえないものと考えられていた。

……しかし、こういう傾向は長くはつづかなかった。ブルジョアジーの支配的基調が確立するとともに、ジャーナリズムから、前述のごとき指導性が漸次に失われてきた。これはひとつには、代議制度が敷かれて、ブルジョア諸政党が議場で相争っているうちに、その対立の基礎が漸次に薄弱化してくるとともに、他方では、ジャーナリズムの産業的な面が、いちじるしく発展してきたからである。

ここで大宅が述べているのは、徳川の遺臣たちが主に担い手となって始まった明治政府批判の新聞、自由民権運動の担い手となった政論中心のいわゆる「大新聞《おお》」から娯楽記事を多く載せた「小新聞《こ》」に新聞の主力が移った時期のことだろう。この時期に日本の近代新聞は主義主張を訴えては発禁処分を受けていた攻撃的な先鋭性を手放し、メディア産業としての性格を持つようになる。

産業としてのジャーナリズムにとっては、すべての産業がそうであるように、最大の顧客を獲得することによって最大の利益をあげることが、第一義的な、絶対的な目的である。一部の読者にはどんなに熱心に支持されても、それがために他の多くの読者を失うようでは、この目的に反するわけだ。そこでジャーナリズムは、従来の政党的立場を放棄し、あるいは隠蔽し、少なくとも表面は「厳正中立、絶対公正」を標榜し、あるいはそれを装わなければならなくなってくる。

かくて、指導性に代わって報道性、宣伝性に代わって商品性、主観性に代わって客観性がジャーナリズムを支配しはじめる。ほとんどすべての新聞において、指導的な要素は、論説欄その他に、ほんのもうしわけ的に残されて、他のすべての紙面は、ニュースまたは、ニュースの解説をもって埋められる。論説なども、以前のような積極的な主張ではなく、「公平」な批判にとどまる場合が多い。

中立公正の理念と産業化

中立公正の理念は近代ジャーナリズムの理念としてよりもむしろジャーナリズムの産業化の中から形作られる——。この大宅の視点は他ではなかなか見られない、極めてユニークなものだとはいえないだろうか。

大宅は与かり知らなかっただろうが、こうした彼の見方は経済学者ハロルド・ホテリングが唱え、その名を冠して使われるホテリング理論をなぞっている。わかりやすい例で説明して見よう。海岸の両端にアイスクリーム屋が店を出している。両店のアイスクリームに味、値段とも差がなければ、右半分の海岸にいる客は距離の近い右端の店でアイスクリームを買い、左半分の海岸にいる客は左端の店で買うだろう。

こうして客は位置によって半々に分けられ、二つの店の商売は均衡していた。その状態に満足できなくなった右端の店の店主が、欲を出して少し海岸の中心に向かって店の場所をずらす。そうするとかつて客を左右に分けていた中間点が少し左にずれ、右の店に行く客が多くなり、左の店は客数が減る。状況変化に気づき慌てた左端の店も、中間地点の側に店を移し……と繰り返し、多くの客を求めて店の場所を移動すると、最終的には海岸の真ん中で二つの店が並んで商売をすることになる。

大宅はそれと同じことが新聞界でも起きたというのだ。大新聞の時代には尖った主張をそれぞれの新聞がしていた(=海岸線の両端に位置していた)。ところが部数を気にするようになるとより多くの読者を求めて次第に中間的な主張に踏み出してゆき、最終的には真ん中に集まってしまう。中立公平はこうして手にされたのだというのが大宅の説明する内容だ。

この時代のジャーナリズムは、超政党主義を標榜するのみならず、階級的にも超越的態度をとろうとする。少なくともとっているかのごとく装おうとする。すなわち「超階級自由主義」といったものによって、ジャーナリズムがリードされているかのごとき外観を呈する。つまりニュース主義と自由主義が、この時代のジャーナリズムの二つの重要な特色である。したがって労働争議などに対しては、新聞は資本家によって経営されているにもかかわらず、きわめて「公平」な扱い方をする。ときには労働者側に味方しているかのごとき記事が現れることすら、決して珍しくはない。

(同前)

「公平」の成立も新聞社の商いの事情、つまり「下部構造」から説明するのが、一度は左翼思想に接近した大宅らしい。そしてすべて商売の話にしてしまうことで、どこまでが本気でどこからが冗談なのかわからなくしてしまうのも大宅らしい。「かように商業主義によって支配されているジャーナリズムは、原則的には自由主義的である。もっとも、それを動かしている原動力は、利潤であって、文化の促進でもなければ、被××（＊原書で伏せ字。以下同様。消される前は「搾取」あるいは「支配」だったか。引用者註）階級の解放でもないが、最大の利潤を約束するのは、最良の質ではなく、最大の量である。ところが量を増すためには、どうしても中間層以下の購買欲を刺激する必要がある。そこで、おいおい、ジャーナリズムそれ自体が、被××階級を代表しているかのごとき偽装をする必要が生じる」のだと書く。

だが背に腹が代えられない事態にジャーナリズムが立ち至ると、そうした偽装をするゆとりすらなくなる。

資本主義がいわゆる「第三期」に入り、経済恐慌が国際的に慢性化し、内には階級対立の××、外には世界戦争の××（危機か？ 引用者註）が迫ってくると、ブルジョアジーの支配権が根底からゆるぎ出してくる。そうなるともう自由主義も、超階級もあったものではない。このいちじるしい変化をもっとも鋭敏に反映しているのが、最近のジャーナリズムである。
最近のジャーナリズム一般を通じてもっとも重要なる特色は、前にのべた指導性、宣伝性、主観性の復活であり、自由主義、客観主義の放棄である。しかも、それが、徹底した、完全に「合理化」された商品主義と結びついているのである。（同前）

ここで大宅が言う「指導性、宣伝性、主観性」は自由民権運動の活動家たちのものだった時代から下って、軍や政府のプロパガンダ＝宣伝の意味であろう。後世ではファシズムのイデオロギーとの関連でしばしば言及されるものだ。

だが大宅はここでもそれを「商品主義」と結びつけ、「完全に『合理化』され」ていると考える。ジャーナリズムはブルジョワジー（そこには官僚や軍人も含まれる）の階級的利益を守るために「指導性、宣伝性、主観性」を強めている「商品」だとされているのだ。珍説のように思われるが、終戦を挟んで民主化に一八〇度豹変できたのも、戦前の「大本営発表ジャーナリズム」が確固たる主義主張に基づくものではなく、単なる処世のための営業的な選択であったから、時とところが変われば施政方針もまた変わったと考えれば、それなりに説明可能なのであり、大宅の考え方には「まさか」と思いつつも、どこか否定しがたい不思議な説得力がある。

清水幾太郎とジャーナリズム

さて、こうした大宅と近いことを述べているもう一人のジャーナリストについても紹介しておこう。それはやはりジャーナリズムについて古典的な論考を書き残した清水幾太郎だ。

大宅と清水は多くの点において対照的だが、深層において共通している面もある。一九〇〇年生まれの大宅に対して清水は一九〇七年生まれと少しだけ若い。大宅は大阪生まれで、清水は東京出身。大宅が左翼活動を問題視されて中学時代に放校処分にあっているのに対して清水は獨協中学から東京高校に進むエリートコースを難なく歩む。不良と優等生。対称的な二人だが。大宅は検定試験に合格して三高に入り、東大の社会学科に進む。清水も一度は医学を志しつつ、関東大震災を経て実家の没落を経験し、志望を変えて社会学科に入っているので大学での専攻は同じだ。

ただし大宅は貧しさもあって入学後も素行不良で大学には通わず、英語講師や沖仲仕の仕事をしながら日本フェビアン協会の主事を務めたり、機関誌『社会主義研究』の編集に携わったりした。新潮社の嘱託となって『社会問題講座』の編集を担当、これが大ヒットを飾るなど早くからジャーナリズムの世界に深入りした。

一九二六年には『新潮』に「文壇ギルドの解体期」を発表。硯友社以来の日本の文壇を、ヨーロッパの手工業組合（ギルド）に見立て、親方と師弟の関係を文壇の師弟関係と対比させ、資本主義がギルドを解体させたように、大戦後のジャーナリズムの市場拡大が文壇を解体させてゆくと論じた。この作品を編集者で評論家の粕谷一希は「直観と比喩による見立ての論理、文壇的価値秩序に対する揶揄と風刺と諧謔という、大宅ジャーナリズムの骨法が、すでに十二分に開花している」と評価している（「対比列伝――大宅壮一と清水幾太郎」、『諸君』一九八〇年三月号）。

こうして大宅が学生時代からジャーナリズムの水を泳ぎ始めていたのに対して清水はまじめな研究者人生を歩み、卒業後は社会学の主任教授だった戸田貞三の下で副手に採用されている。しかし清水もまた大学という器に収まり続けることはできなかった。戸田と確執があって、研究室を出ることになり、文化学院の講師を勤めながら、翻訳で食いつなぎ、三七年にはメディア論の古典として名著の誉れ高い『流言蜚語』（日本評論社）を刊行。三八年から朝日の、四一年には読売新聞の論説委員になっている。

粕谷一希が語る大宅と清水

粕谷は「対比列伝――大宅壮一と清水幾太郎」で、東大社会学科を経て同じようにジャーナリズムの世界で活躍するようになった二人をこう評する。

大宅壮一の発想の卓越性と独創性は、ある人物や事柄を、より社会学的な広い文脈のなかへ引き入れ、比喩と直観によって、意想外の相貌を描き出してみせることにある。ただ、偽善を嫌う権威への反逆、価値破壊的志向は、当時のブルジョワ的偽善の暴露という唯物論的風潮のなかで形成されたとはいえ、本来的に、理念や理想を求めざるを得ない知識階級やその表現としての知的ジャーナリズムのなかで、中心的存在たりえなかったことも当然であろう。（中略）

これに対して、七年若い清水幾太郎の出発は、当然、満州事変以降、日本の国家主義・軍国主義への傾斜が、明瞭になっていた時期と重なっており、大宅壮一と同様、マルクス主義に心情的に傾斜していたとしても、それをストレイトに表現するためには、かなり困難な季節となっていたはずである。同じ社会学を専攻しながら、清水の場合はより学問的であり、大学を離れても、その模索の方向は形而上学的であったともいえる。後に『社会学講義』に集大成される、欧米の社会学の発展、コントの古典的社会学、ジムメルの形式社会学、そしてデューイのプラグマティズムの社会学と、きわめてオーソドックスな社会学の遍歴がつづけられており、彼が関係した『思想』や『知性』という雑誌も、ハイ・ブロウな知識階級の知的関心を表現した少部数であっても、中心的存在であり、彼が兄事した三木清は、当時の知的ジャーナリズムの中心的存在であったといってよい。

知的ジャーナリズムの中心近くにいたのは、むしろ清水だった。こうした清水の立ち位置は戦後に刊行された『ジャーナリズム』(岩波新書、一九四九年)においても一貫している。大宅が論じたのと同じジャーナリズム商業化の時期を清水はこう書いている。

周知のように、当時は大新聞とよばれるものと小新聞と呼ばれるものとがあって、前者は、東京日日新聞、郵便報知新聞の如く、大型、漢文口調、論説を重要視し、政治、経済、海外事情の記事多く、中流以上の有識者を相手とする。これに反して、後者は、読売新聞、東京絵入新聞のごとく、小型で、口語体、論説がなく、花柳界、警察、演芸、相撲などの記事に力点をおいて、中流以下の社会層を相手としていた。新聞を明瞭に商品として把握する大阪風の方式はいずれかと言えば、後者に近い線に沿いながら、この両者の間に割り込んで、広範な大衆を読者として獲得するものであった。東京では新聞の商業的成功が必ずしも社会的地位の向上と相伴わぬのに反し、大阪では両者が相互に調和するという伝統があるという(現在のアメリカやイギリスでも、発行部数の多い新聞がただちに高い社会的地位を持つということはない)。明治末年にいたって、大阪の毎日新聞が、東京日日新聞を買収し、朝日新聞以上の商業主義をもって東京のジャーナリズムに乗り出した時、日本の新聞の運命は完全に決定されたと見なければならぬ。

こうした認識に基き、『講座現代マスコミュニケーション3』（河出書房新社、一九六〇年）に寄稿した「総合雑誌」では大宅と同じく商業化の視点を登場させる。大阪出身者らしいというべきか、大宅が読者サービスのために露悪的な書き方を好んでいたのに対して、清水は同様の認識をより学術的な体裁の文体で書くので目立たないが、二人が同じ視点を共有していたことは興味深い。

一八八〇年代から一八九〇年代にかけて、というのは、自由民権運動が終って、旧憲法が発布され、教育勅語が宣言されて、自由を知らずに文字だけを知る人間が大量に生産され始める時期であるが、この時期に、日本の新聞は、新しく生産される人間群を顧客として、陸羯南（一八五七―一九〇七）の謂わゆる「政権を争うの機関」から「私利を射るの商品」への転身を遂げたのであった。「政権を争うの機関」にとっては、明確な主張が生命であるが、「私利を射るの商品」にとっては、明確な主張は致命的である。大商品になればなるほど益々致命的である。資本主義の機構における新聞の地位ということを度外視しても、例えば、憲法改正という問題について、新聞が改正賛成を主張すれば、改正反対の読者は講読をやめるであろうし、さればといって、改正賛成の読者が感激して二部ずつ買ってくれるのではない。改正反対を主張しても、結果は同じことで、主張するというのは、顧客の半分を失うということにほかならぬ。「憲法改正は重大問題であるから、われわれは十分に研究しなければならぬ。」などと言っていれば、顧客が減る心配はないであろう。

総合雑誌の役割

しかし清水は、こうして「客観性」を標榜し、「新聞に頼って自分の意見を作ろうとする人間」に「失望を重ね」させ続ける大新聞に対して総合雑誌が補完的機能を発揮したと考える。世界には『ル・モンド』のように日本の大新聞とは桁ひとつ少ない数十万部しか発行していないが、客観性を標榜せず、主張を述べる新聞がある。日本の場合、『ル・モンド』に該当するのは『中央公論』『世界』といった総合雑誌だったというのが同論文の趣旨となる。

清水がこの論考を書いた時期に注目したい。初出は一九六〇年十一月だが、論文集への収録なので編集に必要とされた時間があったはずで、新聞や雑誌に寄稿するよりは前もって書かれていたはずだ。そこで注目すべきは、清水が書き出しに六〇年六月十七日の朝に社会党議員から電話がかかってきたと記していること。おそらくこの六月あたりが論文執筆時期だったのではないか。この論文の背景には、清水自身がこの時期に総合誌との間で繰り広げていた因縁めいた話が控えている。

岩波書店の吉野源三郎は一九四九年に平和問題談話会の設立を画策。熱海の別荘で『ジャーナリズム』を書いていた清水を訪ねて幹事役を委ねている。以後、清水と『世界』の蜜月が始まる。あくまでも全面講和による独立回復を求めた談話会の宣言は清水の筆によるものであった。だがサンフランシスコ講和条約は単独講和によって成立。同時に日米安保条約も締結された。こうした挫折を経て清水は一層反米運動に踏み込むことになる。内灘の反基地運動に身を投じ、砂川闘争にも関わるようになる。

この時期の清水は多作とはいえないが、いくつか論文を書いている。一九五一年十月の『世界』に「講和会議に寄す」を、同五三年九月号に「内灘」を。第五福竜丸事件に言及した「われわれはモルモットではない」は『中央公論』五四年五月号に掲載されるが、全国から国会議事堂に向かって集まり、請願する長蛇の人の列を作った有名な「今こそ国会へ——請願のすすめ」は再び『世界』六〇年五月号に載っている。このように平和運動期の清水と『世界』の関係は深い。当時の清水は間違いなく「政争を争う」立場であったが、そんな彼の論考を収めてくれたのは平和問題懇談会以来のつきあいである総合雑誌の『世界』であった。

ただその『世界』にも限界がある。六〇年五月号に掲載された編集部執筆の「読者に答う」にこうある。

　私たちは、安保改定の問題を、戦後の日本にとって講和問題に次ぐ重大な問題であると信じ、したがって国民が今や第二の大きな峠にさしかかっていると考えて、一昨年の十二月号以来、不断にこの問題を追い、読者の判断に資すべき記事を、情勢の推移に応じて常に掲げて来たのであります。また、それ故に、読者が事柄そのものの理解の上に立ち、最後に確信をもって判断されることを希望したのであります。……もちろん、国民の意志が政策決定に作用し、国民が国家意志の形成に参加しうるためには、制度の上でその通路が開けていなければなりませんし、また、国民の意見をまとめてこれを権力にまで影響させるだけの政治行動の組織が必要であります。特に後者は、現実の政治においては決定的に重要な契機でありましょう。しかし、このことは、正に各政党その他の機関の任務であって、もとより一雑誌のよくするところではありません。ただに、それが私たちの力にあまるからというだけでなく、本来、それは、本誌のような言論・報道の機関がむしろ明確に限界を劃して、自ら抑制せねばならぬ事柄だと考えられます。

この一文は清水の「今こそ国会へ——請願のすすめ」の前のページに掲載されていた。末尾はこう結ばれていた。「それ（清水論文）は以上の問題に対するひとつの解決策の提案であり、同時に、本誌が総合雑誌としての限界内で及ぶ限り試みた読者への回答であります」。

直接行動への強い希求

この表現には編集部が清水論文の対応に苦慮している様子がうかがえる。たとえば当時、共産党は大衆が国会に近づくことに終始反対の立場を取っていた、学識経験者の中からも直接行動を直接的に求める清水の論調に対する疑問が表されていた。清水も講演会場などで抗議を受け、反発が生じているのを承知してたが、それでも我が道を行こうとする。そんな清水の独断専行を編集部は扱いかね始めている。安保条約は結局、自然成立するが、その後に清水が書いたのが「安保戦争の『不幸な主役』」だった。この論文で清水は安保反対運動を実質的に担ってきた全学連主流派の学生や若い労働者たちの強力なエネルギーをまとめ、政治的な力に変えてゆくことをしなかった共産党やリベラル系の学者たちを厳しく批判した。

竹内好氏が六月二日に話された有名な言葉がまことに単純明快であるだけに、運動の中では大勢を決して行ったように思われます。「まず何を措いても民主主義を再建しなければなりません。安保の問題はその後に延ばせばよいのです、いま安保がよいかわるいかということを論じているのは無益です。」こうして「安保に反対のものも、安保に賛成のものも」というスローガンが生まれ、安保への賛否はお預けにして、一緒に民主主義擁護のために戦おうということになりました。何しろ民主主義といえば、戦後の日本では誰ひとり反対するもののないシンボルなのですから、幅はこれ以上拡げることが不可能なほど広くなりましたし、そのために、生まれて初めてデモに参加するというような人たちも出て来ました。これは軽く見てよいことではありません。確かに民主主義の発展です。しかし、このように裾野は拡大されましたけれども、それは新安保の問題を原理的に棚上げするという犠牲を払っての成果でありました。これも軽く見てはならないと存じます。

この論文はもはや『世界』には載らなかった。両者の間には亀裂が広がっており、「不幸な主役」は『中央公論』六〇年九月号に掲載された。総合雑誌『世界』は新聞ほど中立性によって広い読者を包摂する必要はなかったが、それでも清水の主張を受け入れる器ではなくなっていた。

大宅と清水の日本語観

ここまで大宅・清水のジャーナリズム論を取り上げて来た。今では言及される機会も減った二人だが、数多くの時事的な記事を署名記事で書いたまさに近代日本を代表するジャーナリストである。多くのジャーナリストが中立公平をあたかも天賦の理念のように崇めているところを、二人が下部構造、経済構造からその成立過程を論じた点も、タブーを怖れず議論をするジャーナリズムの実践がある。二人の文章はそれぞれに個性的だが、どちらも名文家と呼んでいいだろう。

しかし二人はここまで日本のジャーナリズムについて言及しながら「日本語」について対象化していない。

まず大宅は文章論を書いていない。清水の場合は屈折している。政治を論じた清水が過去の人となった後、彼の著書の中で唯一読まれ続けたのが『論文の書き方』(岩波新書、一九五九年)であった。清水は表現論を好み、『私の文章作法』(潮出版社、一九七一年。のちに中公文庫、一九九五年)という著書もある。

しかしこれらは日本語論ではない。実は一度『私の文章作法』を『日本語の技術』と改題して出したことがあったが、内容的には一貫して「日本語の」文章を特に意識するものではなかった。

そんな中で、日本語について清水が論じた唯一の例外が『論文の書き方』の中の「が」批判ではないか。

清水は同書で大学を出てすぐに記した作品『社会と個人』の改訂版が出ることが決まり、この際、文章に手を入れようと読み返してみた経験を書く。すると文章のテンポの悪さに辟易させられたのだという。

原因はどこにあるのか。清水は「が」の多用を問題視する。

『社会と個人』では、相当に長い句が「が」という接続助詞で結びつけられている。「……特徴づけられてゐるのであるが、これは正しく……。」「……原始社会に於いて見出されたのであるが、それは又現代社会にも……。」（中略）。気になり始めると、この「が」は全く目障りである。見境もなく「が」を使っているために、書いた当の私は力んでいるのに、文章の方は起伏に乏しい、平板なものになっている。（『論文の書き方』）

文章が長過ぎるのであれば、短く切ればいい。そこで清水は「が」の意味を考えながら文章を手直ししようとして、たちまち行き詰まってしまった。なぜか。普通、「が」

は「しかし」や「けれども」の意味だとされる。そこで『社会と個人』の「が」を「しかし」「けれども」に書き換えてみようとするが、それを許さない文章もある。どうも「が」は、「反対の関係」を結び付けるだけではない。前の句が後に続く場合に、「それゆえ」や「それから」の意味で使われている場合もある。あるいはそれほどつながりが明白ではなく、強いて言えば「そして」程度の流れを作る効果をもたされていることもある。

第一の用法では、前の句と後ろの句との反対関係が「が」で示される。第二の用法では、前の句と後ろの句の因果関係が「が」で示される。第三の用法では、前の句と後ろの句とを単に並列するために「が」が使われている。こうなると「が」で結びつけることができない二つの句を探しだ出すことの方が困難であろう。清水は、「が」の融通無碍ぶりに改めて驚き、半ば呆れている。二つの句の関係がプラスであろうと、マイナスであろうと、ゼロであろうと「が」は平然と通用してしまうのだ。

しかしその意味内容や接続のあり方が多様であったとしても、そのつど文脈を復元して「が」を他の言葉に書き換えてゆくことは可能なはず。なぜ清水はそれができずに苦労したのか。

「が」がもつ曖昧さ

人間の精神が受身の姿勢でいる間は、外部の事態にしろ、自分の気持ちにしろ、ただボンヤリと「が」で結ばれた諸部分から成り立っている。これからの諸部分の間に、「のに」や「にも拘らず」、「ので」や「ゆえに」を嵌め込むには、精神が能動的姿勢にならなければ駄目である。精神が多くのエネルギーを放出し、強く緊張しなければならぬ。……「が」は言葉の問題で済むかも知れないが、「が」の代りに、「のに」や「ので」を使うとなると、二つの事実をただ一緒に摑んではいられない。二つの事実の間の関係を十分に研究し認識していなければならない。研究や認識があって初めて、私たちは「が」から「のに」や「ので」へ進み出ることができる。文章とは、認識である。行為である。私は自分の書いた『社会と個人』の改訂に手を着けて、この「が」を減らす仕事で行き詰まってしまったのは、二つの句或いは二つの事実の間の関係が十分に規定されていないままで漠然と「が」で繫がれていることが多かった結果である。(同前)

要するに文章を書くに当たって十分な思考が前提とされていないことが「が」の書き直しの困難につながる。特に熟慮せず「が」の曖昧さに逃げ込んでいたので、それを書きなおそうとすると改めて考え直しが求められる。だから書きなおしが難渋する。

しかし、そうした「考えないで書く」習慣には日本文化の特徴が反映しているのではないか。清水は「が」の多い文章として、たとえば新聞を挙げる。なぜ新聞では「が」が多くなるか。①限られたスペースの中に記事を入れてゆく必要がある新聞にとって一文字で済む「が」がありがたいという物理的理由。②新聞記者は非常に忙しいので「しかし」で繋ぐか「それゆえに」を挟むかなどと考えることが負担になるという業界内事情的な心理。③「ので」「のに」で繋いで事実と事実の間の関係を新聞記者が読みこんでゆくのは客観報道主義に反する。それに対して特に事実同士のつながりの説明に踏み込まない「が」であれば客観報道の原則に抵触しないだろうと考える事なかれ主義。④お客へのサービスの気持ち。「それゆえに」や「それにも拘らず」といった表現では読者の心へ滑らかに入ってゆけないと考えて……。

こうして清水は新聞に「が」が多くなる理由を数え上げてゆく。その中で特に清水が考えを発展させてゆくのは④だ。

新聞が「が」を多く使うのは、読者へのサーヴィスであろう、と私が言った時、私は次のようなことも考えていた。日常、読者である私たちは専ら「が」を使って気安く会話しているという事実である。日常の会話では、「それゆえに」や「それにも拘らず」は殆ど現れない。「のに」や「ので」は日常の会話でも使われるが、実際は、「が」に近い曖昧な意味になっている場合が少なくない。何と言っても、花形は「が」である。「が」によって句と句が自由に且つ無限に繋ぎ合わされて行く。「……私も少し言いたいことがあるんですが、あなたの御意見が判らないというわけではないんですが、平和というのは戦争のない状態と言ってよいのでしょうが、その平和の根本的本質という問題ですが、そんなことは判りきっていると主張する人もいるにはいるんですが、どうも、私はそう考えないんですが、……」こう書くと、さすがに体裁が悪いけれども、私たちの実際の会話はこういう調子なのである。新聞が好んで「が」を使うのは、私たちを日常の会話の気安さの中におこうとするためであろう。「話すように書け。」という方法を新聞は実行しているとも言える。(同前)

明治以来の言文一致運動は戦後の新聞において見事に開花したといえるかもしれない。そのひとつの象徴こそ、気安く使える「が」なのだ。

関係依存型の新聞言語

しかし、それは新聞の言語表現が会話の条件を担うことにもなる。清水は会話の条件を数え上げる。①眼前に相手がいる。その相手を知っているし、相手と自分の間には一定の関係がある。相手のリアクションを踏まえつつ会話が進められてゆく。②相手と自分は地方選挙を同じように経験していたり、大雪の中にいたりと具体的状況を共有している。「あれ、やっぱり、こうしようか」で話が通じてしまうのは状況の共有が前提になっているからだ。③表情、身振りが言葉を補完する。④社交の原則に支配される。日本人同士の会話で何事もはっきり言わないのがよしとされる。日常の会話では「と考えるんですが……」とか「……とも言えるようにも思うんです」といい「……と考えます」とか「……と言えると思います」と言い切る断定を避ける。曖昧に話して相手の出方を待ち、相手が嫌な顔をしたら話をひっこめて、方向転換する余地を自分の側に残しておく。

会話は具体的な人間関係を前提とするので、関係依存型になるのは当然のことだが、新聞がこうした会話文のスタイルを踏襲することによって、そこにも人間関係依存型の言語の特性が持ち込まれる。新聞は書き言葉なので、誰かを前にして話された言葉である必要はない。しかし言文一致を通じてそうした関係依存の構造が持ち込まれる。あるいは読者と新聞メディアの関係を前提として、互いに共有する状況を踏まえた書き方にもなる。それはジャーナリズムとしてふさわしいものではない。状況や人間関係から自立して問題の所在や構造を論理を尽くして伝えるのがジャーナリズムであるはずだ。

清水もそうした新聞言語のあり方を批評する。

会話と違って、文章は社交ではない。社交ではなく、認識である。どうにでも受取れるような曖昧な表現は避けねばならない。……主語がハッキリしていること、肯定か否定かがハッキリしていることが大切である。新聞や週刊誌などを読むと、「……と思うがどうであろう。」という種類の言い廻しにぶつかるが、これは話し言葉の、「……と思うんですが……」が少し進化（?）したものであろう。私はこういう表現を好まない。文章は、会話と違って、社交という紐がついていないのであるから、相手の顔色を窺わずに、主張することを主張したらよい。(同前)

しかし、自らも主張をはっきりと述べたことこそ、清水がマスメディアの寵児としてもてはやされつつ、次第に疎まれてゆく理由でもあったのだろう。過激化する運動のなかで安保改定阻止よりも民主主義擁護を訴えるようになって、戦線から後退していった丸山真男らを厳しく批判し、運動の総括を求めていた清水だったが、彼もまた六〇年代の半ばには研究室に戻る。そして一九六六年に書き上げられたのが人民戦線思想がソビエトのマキャベリズムによって蹂躙されてゆく過程を描く『現代思想』(岩波書店)だった。

清水が同書で六〇年安保闘争のことを一言も触れなかったことについて、かつて清水を旗手として安保反対運動を戦った人たちは、責任放棄として怒りをあらわにした。しかし、実はそれは西洋史を描く伏線として日本の戦後民衆運動の限界をも暗示する内容となっており、社会学者・清水は学者らしいやり方で自分自身を深く捉えた運動を検証し、総括したのだ。

しかし、それは清水同様に幅広い教養の持ち主以外には読解ができない密教的な書き方だった。以後、マスコミの中での清水の存在観は急速に薄くなり、次に脚光を浴びるのは八〇年に『日本よ 国家たれ――核の選択』(文藝春秋)という物騒な議論をぶち上げるまで待つ必要があった。

筆者が清水を読み返そうと思ったのも、この『日本よ、国家たれ』の過激な主張がどうしてなされたのか、気になったからだった。当時、筆者は日本の原子力技術受容をテーマとする『「核」論』を執筆しており、清水の核武装論を検討する必要に迫られていた。六〇年には日米安保反対運動を率いて華々しく活動していた清水が核武装論を唱えるようになったことに「左」から「右」への大きな転向、変節の極みをみる見方が当時は(――今も、だろう)支配的だった。

筆者に清水を擁護しなくてはいけない事情はまったくなかったが、過去の彼の仕事を読んでみると、立場の右左を越えて日本が国家として主体的に自らの国民を守ること、自らの未来を選べるようになることを清水が求めているのに気づく。そうした希求が六〇年には安保反対、在日米軍基地反対というかたちで現れ、共産党主流よりも激しい闘争姿勢を示した全学連とともに行動させたが、八〇年には核保有を含む重武装により国家主権を回復し、国際戦略選択の幅を広げることを主張させたのだ。そう見てみると、この人は変節の人というよりも、変わることのできない不器用な人と考えるべきではないかと思った。

竹内洋は、丸山真男のように生まれ育ちに恵まれていたわけではない清水は、「傍系」知識人として常に既存の価値観を転覆する激しいラディカリズムで注目を集めてメディアの寵児たろうとしたと考える。それこそ清水が生き残りを賭けた戦略だったのだ、と(『メディアと知識人』中央公論新社、二〇一三年)。そうして戦略家としての一貫性をみることで表面的な変節の芯になる清水らしさを説明することも確かにできるだろう。しかし、竹内の清水評には突き放す冷たさがある。筆者は知識人としては清水よりもさらに傍系を極めていることもあり、やむにやまれず激しい言動を選んでしまう清水に自分にもどこか似た傾向がないかと思い、その愚直なまでの一徹さに人間臭く、憎めないものを感じてしまっていた。

八〇年の物騒な核武装の主張に対する異論反論も出尽くし、書籍のほとんどが入手不能になって、もはや「忘れられた」存在になった清水の過去のジャーナリズム論を読み直したいと思うようになったのは、そんな清水に対する感覚による。

大宅壮一のわかりやすさ

清水はいつも過激な論調で衆目を集める。竹内洋がいうように生き残りを賭けているからなのか、清水には切迫感がある。大宅はその点はおおらかだ。敗戦末期に戦地から帰還した後、自ら断筆を選択し、半農生活を始めたこともあったが、断筆復帰後、その斜に構える諧謔精神は何ひとつタブーとすることなく戦後社会を斬りつけた。戦中に獄にいたり、海外に亡命していた知識人が必ずしも柔軟な認識の持ち主であるとは限らないことを示した「亡命知識人論」(『改造』四七年十二月号)、戦前において社会主義を選ぶことは現実に対する抗議であり、思想の表明を意味したが、戦後におけるそれは現実への適応にすぎないと断じた「思想の功利化と投機化」(『改造』四九年二月号)など知識人批判は容赦がない。その延長上に安保論争でも「引いた」立場に留まり続け、結果的にこの時期の大宅の存在感は政治的には強くない。大宅や、彼に私淑していた梶山季之、草柳大蔵は総合論壇誌よりも週刊誌で活躍し、たとえば政府が警職法(警察官職務執行法)改正を企てたときには、「またコワくなる警職法」の記事で、大衆的な反感を呼び起こし、改正を留めるなど、総合誌にはできない大衆世論を喚起する貢献をしていた。

だが六〇年安保反対運動が隆盛を極めていた時期に大宅の影は薄くなる。旗幟を鮮明にしないスタイルが、国論を二分する時期にはなじまなかったのだろうか。「日米安保は子宮外妊娠」だと述べたが、大宅の造語として人口に膾炙していない。

しかし清水が総合雑誌の表舞台からひとたび去った六二年には入れ替わるように『月刊文芸春秋』新年号に大宅の「世界は楕円である」が、『中央公論』新年号には同じく「詩と小説と権力と」が巻頭論文となっている。清水だけでなく、安保反対運動を通じて戦後知識人の多くが論壇の第一線から退いた後、高度成長を背景とする新中間層の拡大は、論壇誌においてもイデオロギーに偏ることなく、わかりやすく時代を切り取ってみせる論文を求めるようになった。卓抜な比喩で時代のエッセンスを伝える大宅は、まさにそんな要請に応えて総合誌を活躍の場とするようになったのだ（それは総合誌の方が「大宅的」に変わったともいえよう）。

確かに大宅の文章は会話文にちかい気安さがある。流行語を次々に生み出すセンスがある。粕谷を閉口させた下半身の比喩の多用など、過剰なまでのサービス精神がある。ただ、その辛辣な論調を先にも示したように、文章が軽いからといって大宅が言いたいことを濁して社交に努めているわけでもない。俗に流れるようで、実は俗情と迎合結託するわけでもない。たとえばソビエトの訪問ルポや自分を慕う物書きの仲間とともに「ノンフィクションクラブ」を結成、メンバーを率いて団体で文革進行中の中国を訪ねたレポートは、まだまだ左翼幻想の強かった戦後の時期に、神秘のヴェールをはがして共産主義の真相に肉薄した貴重な仕事であった。そんな大宅の仕事ぶりをみていると、主張を明確に確立するうえで必要なのは、表現のレベルで会話体を断てばいいと清水がいうような単純な問題ではないのかもしれないと思えてくる。

ただひとつ、清水が『論文の書き方』の中で指摘していたことには共感を覚える。「文章を書くには、日本語に対する甘ったれた無意識状態から抜け出なければならない。日本語を自分の外部に客観化し、これを明確に意識化しなければならない。文章を書く人間は、日本語を一種の外国語として慎重に取り扱った方がよい」。

すべてを相対化する大宅もまた同じ心境にあったのではないか。大宅と清水、二人のジャーナリストがいずれも過去の人として扱われるようになり、その思想が顧みられなくなったことは惜しいと思う。二人は日本語について多くを語ったわけではなかったが、少なくとも日本語によって繋がれた生ぬるい人間関係や処世の「外」に出ようとした。そこに、日本語と日本社会を批評的に検証しながら、その作業を批評対象であった日本語を用いて行わなければならなかった森有正や荒木亨が陥った逆説を乗り越えて行こうとする、身構えの積極性のようなものを感じるのだ。

日本にいながらにして日本語の外にいようとすること、そんな境地こそ、二人が日本語でジャーナリズムを展開するときの構えだったのではないか。そうした過去のジャーナリストの姿勢に、改めてこれからのジャーナリズムの可能性を見る、そんな温故知新が必要なのだろう。

8

「うち」の外へ、日本語の外へ

——片岡義男の日本語論

『日本語の外へ』の冒頭

その年の夏、七月の終わり、僕は軽井沢にいた——。

片岡義男『日本語の外へ』（一九九七年、筑摩書房）は、そんな書き出しで始まる。そこから小説が書き始められても違和感のない文章だ。他でもない、片岡の小説の多くは、こうした書き出しで始まっていたのだから。

しかし、その文章は小説の書き出しではない。

仕事は例によって多忙だった。そうでなくても、軽井沢に本来なら僕はなんの用もない。そのときそこにいたのは、美術館の展覧会を見たかったからだ。アンドリュー・ワイエスがヘルガを描いた絵が、下絵も含めて数多く公開される展覧会だった。これはぜひ見たかった。

一人称の「僕」は、ここでは片岡小説の主人公ではない。片岡自身だ。ホテルに宿泊してしばらく仕事をし、美術館に出向いたのは八月二日だったと書いている。夏らしい美しく晴れた暑い日、午前中に美術館に出掛けた。昼には美術館のカフェテリアで昼食をとり、再びワイエスの作品を鑑賞し、美術館の庭を散歩した後、芝生に寝転んで晴れた夏の空を見て過ごしたと書いている。

それが小説ではないこと、片岡自身が経験した現実に即して書かれていることがわかるのは、筆者もその美術館を何度も訪ねているからだ。片岡がそのとき、訪ねていたのはセゾン現代美術館。以前は軽井沢高輪美術館と呼ばれていた。一九六二年、西武グループの創業者堤康次郎収蔵の美術品を公開する目的で高輪プリンスホテル内に高輪美術館として開館されたが、後に西武の流通部門、つまりセゾングループを引き継いだ堤清二の現代美術コレクションを加え、一九八一年に軽井沢に新築移転されている。

筆者が訪ねたのはその移設直後で、まだ旧名の軽井沢高輪美術館時代だった頃だ。移設されておそらく最初に開催されたマルセル・デュシャン展を見に行った。有名な「大ガラス」やレディメイドアート作品の「泉」もここでみた記憶がある。建物やカフェ、庭の作りはまさに片岡の書いている通りで、彼が描写の「精度が高い」、ジャーナリスティックといってもよい資質を備えた書き手だとわかる。

筆者が同じ美術館を訪ねたのも、七月の終わりか、八月の初めだったので、片岡の描写の行間にある夏の軽井沢の空気の肌合いもありありと思い出せる。当時の筆者は大学四年。卒論に向けてソシュールやウィトゲンシュタインを必死で読んでいた頃だ。ゆっくり旅行している時間も金もなかったので、東京から夏の日差しに焼かれながらバイクで駆けつけた。バイクは片岡の小説やエッセーを読んで乗るようになった。伝道師・片岡から筆者は多くを学んだ世代だ。

この日、夕方まで美術館で過ごした片岡は宿泊先のホテルまで歩いて帰ったと書いている。ここでバイクに乗るシーンが登場していればファンとしては感涙ものだが、それはさすがに贅沢というものだろう。

湾岸戦争

ホテルに戻った片岡はロビー端に置かれたソファに座る。向かい側の席に座っている中年の男性が地元紙の夕刊を読んでいる。そこにかなり大きな文字で「イラク、クウェートに侵攻」の文字があるのを片岡は確認する。

イラク軍がクウェートに侵攻したのは一九九〇年八月二日だった。現地時間の午前二時、戦車三百五十両を中心とするサダム・フセイン直系の共和国防衛隊の機甲師団十万人が国境を越えてクウェートに侵攻を開始。イラク軍にすらこの侵攻計画は事前に知らされておらず、フセイン政権の参謀総長や国防大臣は侵攻をテレビやラジオの報道で聞かされ寝耳に水の状況だったという。

クウェート軍の五十倍の兵力での奇襲により、フセインの軍隊は午前八時までにはクウェート全土を占領した。

調べてみると軽井沢の高輪美術館では確かにその年の夏、その時期にワイエス展が開催されている。片岡は正確に自分の経験を書いていた。筆者もその十年前に経験した爽やかに晴れた夏の軽井沢だが、片岡が経験したのは湾岸戦争がまだ起きてない最後の夏の日だったことになる。

「これは、戦争になる」。片岡は新聞のニュースを見てそう思ったと書いている。

その予想通りに約半年後、湾岸戦争が起きた。アメリカを中心とした多国籍軍が一月十七日にバクダッド空爆を始める。憲法などの規定により軍事活動に協力できない日本はクウェート侵攻直後の八月三十日に多国籍軍への十億ドルの資金協力を決定。開戦後の一月二十四日には多国籍軍へ九十億ドルの追加資金協力を追加決定したが、アメリカを中心とした参戦国から金だけ出す姿勢を非難された。

非難を受けて日本政府は国連平和維持活動ＰＫＯへの参加を可能にするＰＫＯ協力法を成立させ、ペルシャ湾の機雷除去を目的として海上自衛隊の掃海艇を派遣。憲法によって禁じられていると解釈されてきた自衛隊の海外派遣を初めて実現させた。

こうして第二次大戦以来、初めて日本は軍事力を国外に派遣した。そんな歴史的な出来事をきっかけとして片岡はアメリカと日本の関係について考え始める――。

大学時代以来、愛読していた片岡について筆者は、八八年に『週刊文春』の連載書評コラム「量書の研究」で小説論を書いている。大学院の博士後期課程で院生と軽評論家を兼ねていた頃のことだ。片岡は六〇年代よりライターとして活動し、七一年に『ぼくはプレスリーが大好き』、七三年に『一〇セントの意識革命』を刊行。『白い波の荒野へ』で小説家としてデビューしてからは角川書店が主な刊行元になり、『スローなブギにしてくれ』『僕の場合オートバイ、彼女の島』が角川流メディアミックスの手法で映画とセットでプロモーションされて知名度を高める。筆者が評論を書いた時には赤い背表紙の角川文庫シリーズがそれこそ毎月のように刊行されていた。

そんな量産体制に入っても、乾いた独特の小説世界は健在だった。その秘密を探ろうとした評論では、量産中の片岡の小説で文末が「た」で終わることの多かったことに注目し、それが現在とつながりのない過去を示すフランス語の単純過去という時制に通じるものなのではと指摘した。その超然としてクールな印象は、意図的に選択された文体によって喚起されているのではないか、と。

その評論を書きあげてしまうと自分なりに片岡作品の魅力の謎が溶けてしまったような気分となり、さすがにすべての片岡小説に付き合うのも億劫となって、新しい作品が出てもスルーするようになる。

再会の機会となったのが、本章で扱う『日本語の外へ』だった。小説ではなく論説。文庫ではなく単行本、しかもとんでもなく分厚い。筑摩書房が版元で、カバーデザインは平野甲賀。湾岸戦争から始めてアメリカを論じ、日本を論じる硬質な内容だったが、引き込まれるように一気に読んでしまった。実は片岡は初期のエッセーでも内省的な指向を垣間見せていたが、厚い単行本一冊まるごと使って考察を淡々と積み上げてゆく筆致は圧倒的だった。

中でも言語論を社会論につなげてゆく展開が印象的だった。たとえば英語と日本語の違いを日米間のコミュニケーションの困難の理由として考察している。片岡はアメリカのテレビ番組に出演した日本人政治家の英語についてこう書く。

いちおう喋ることは喋る彼の英語は、ふたつの国の政府が通商に関して真剣にさまざまに討議する現場では、役に立たないものだった。同様に、ABC-TVのその番組でも、それは役には立たなかった。それにはいくつかのはっきりした理由がある。もっとも致命的なのは、彼は英語の正用法をきちんと学んで自分のものにしていない、という事実だ。正用法が自分のものになっていない彼の英語は、英語としての普遍的なルールの上に乗っていない。だから役に立たない。（『日本語の外へ』）

正用法とは何か。それはまず主語のとりかただと片岡は言う。

主語を立てて語り始めたなら、そこには論理への責任がともなう。主語はその文章ぜんたいにとっての論理の出発点であり、責任の帰属点でもある。主語は動詞を特定する。動詞はアクションだ。アクションとは責任のことだ。動詞は前へ前へとアクションを運んでいき、最終的には主語を責任と引き合わせる。いったん主語を選んだなら、それにふさわしい動詞の働きによって、論理的な結末へたどり着かなくてはいけない。そうなって初めてセンテンスはセンテンスとして独立し、次のセンテンスを引き出す。（同前）

アメリカのTVに出演していた日本の政治家の英語はこうした基本的な英語としての構文を構成していなかったと片岡は指摘する。「主語が論理を必然としていないから、彼の言葉には責任がまったく感じられなかった。しかも文法的な呼応関係すら文章の途中で見失ってしまい、その結果として文章がきちんと終わらない」。中には話している半ばで「主語を忘れてしまっている」と思われるようなケースすらあったと片岡は書く。そして見失った文脈の建て直しをはかるため、日本語のときにまったく無自覚に、しかし、効果的に使っている、「いずれにせよ」「それはともかく」「それはそれとして」「ですから、まあ」という言いかたとおなじ気持ちで、彼はエニイウェイを連発した。

これは英語の単語を連ねていても実は英語ではありえない表現だ。なぜなら「英語の主語は文法のルールの厳しさを一身に引き受ける存在なのだから、それを忘れてしまっては発話自体ができなくなる」。そして主語を忘れているからにはおそらく動詞も忘れているのだろうと片岡は推論を重ねる。

主語と動詞を忘れてしまったなら、センテンスが最後まできちんとしているということはありえないはずだ。しかしそれでも発話が継続できるのが日本語だとすれば、それはなんと謎めいた言語であることか。以後、片岡は日本語について、あるいは日本語を母語とする日本人について考えを深めてゆく。

すべてIから始まる

まず「英語のIに相当する言葉は、日本語にはない」と書く。英語で話した政治家が主語を忘れ得たのは日本語では主語になる語彙がないからだ。では英語で主語になるIとはどのような言葉なのか。

自分のことをIという言葉でとらえたそのIの背後には、Iを重要な出発点とする英語という母国語という言語の体系が、巨大に横たわっている。Iというひとりの個人は、その言語の体系つまり歴史や文化の総体を、ひとりの個人という最小単位として、体現している。

Ｉは最初からＩであり、最初からまったくひとりの個人だ。これ以上にはどうすることも不可能な、絶対の自分ひとりという最小単位、それが個人でありＩだ。そしてそのＩは、その人以外の人たちの存在とは、無関係に成立している。まわりに誰がいてもあるいはいなくても、ＩはＩだ。（同前）

そんなＩから人間関係が始まる。Ｉが、誰かに対して言葉を用いるとき、その相手は自動的にＹＯＵとなり、ＹＯＵはＩの言葉を受ける。Ｉは受話者であるＹＯＵを説得し、自分とおなじ意見にしようとする。こうして説得のために戦い続ける作業をＩはこの世に生を受けたその瞬間から始める。それが英語の世界だと片岡は考える。

こうした事情が英語の性格を決定づける。そこでは言葉に明晰さが求められる。「用いる言葉が明晰でなかったなら、この戦いの場ではなにがどうなるものでもない。というよりも、たちまち食われてしまって、それでおしまいだ」からだ。

そして自説を広く行き渡らせ、多くの人を説得しようとする言葉はおのずと理想を目指す。理想が高ければその裾野に多くの人が連なることができる。そして理想を明晰に語るために論理が必要とされる。

言葉とは論理だ。そして論理は理想に奉仕する。そしてその理想は、あくまでも現実の上に立ち、現実化を志向するものであり、単なる夢想やお題目ではない。いつかは現実とならなければならないもの、として設定された理想だ。そのような理想が片方に存在することにより、人々の関心は、現実だけにとどまることをからくもまぬがれていく。

Iがその身を置く社会は、理性や法を秩序とする、徹底的に硬質で理念的な社会だ。このような社会は、見かたによれば、たいへんに不自由で窮屈な社会だ。この不自由さや窮屈さの裏には、すべての個人を野放しにしておいた場合の、ありとあらゆる暴力が支配軸となった、どうにもならない世界という種類の自由が、隠されている。このような自由は、自分のやりたい放題が無制限に許されるという意味において、個人のもっとも個人らしい状態なのだが、そのような自由は言葉をとおして得た理性によって、厳しく制限される。

理性とは客観的な普遍性だ。これにおいて相手より少しでも優位に立つことをおたがいに繰り返していくこと、つまり野蛮な状態からより良く遠のき続けるプロセスをとおして、個人と社会とのあいだに生まれるさまざまな矛盾の解決法が、模索される。模索されやがてそこに生まれてくるのは、自由や民主あるいは基本的な人権などだ。これらの理念は文字どおり身を挺して守り抜かなくてはならないものだから、守る現場に時として血が流れるのは不変の大前提だ。

個人どうしが社会のなかでおこなう戦いとは、このようなことをめざしておこなわれる戦いだ。（同前）

日本語はそうした英語のあり方の対極に位置している。日本を孤立させているのは関税障壁などではない。むしろ日本語という障壁なのだと片岡は考えている。

父の英語

なぜ片岡は日本語と英語の違いにこだわるのか。それは彼の生い立ちと無関係ではないはずだ。生い立ちから語り起こしたエッセー集『日本語で生きるとは』（筑摩書房、一九九九年）の中で、片岡は自分の両親について書いている。彼の父親はハワイのマウイ島で生まれ育った日系二世だった。少年の頃、ホノルルに出てハワイの日系人が英語とは名ばかりの英語を話しているのを見て思うところがあった。その名ばかりの英語が可能とした人生を受け止めて背負い、それが背負いきれなくなったときに、人生が終わる。そんな未来の宿命を予想して片岡の父親は「これではいけない」と思ったという。

こんな言葉を喋っていては人生もなにもあったものではない、といまだ少年だった父親は思った。言葉だ、言葉が人生を決定する、と父親は確信した。このあたりのことに関しては、僕は中年だった頃の父親から、直接に話を聞いた。どうすればいいのか。ハワイからアメリカ本土に渡る、という答えしかなく、父親はそのとおりにした。若き苦学の日々を重ね、そのおかげと言っていいかと思うが、かつてのレーガン大統領とそっくりな喋りかたとその言語世界を持つ人となった。その気になればじつに見事なハワイ日系社会英語を喋ることが出来たし、アメリカで遭遇するいろんな人の物真似が、息子である僕が仰天するほど巧みだった。晩年には元レーガン大統領の物真似をしばしば披露した。(『言葉を生きる』岩波書店、二〇一二年)

母親は近江八幡に昔から続いた数珠屋の娘だったという。片岡の母親も彼女なりに思うところあって勉学に勤しみ、山口県岩国の女学校の教員になった。そして岩国が片岡の父と母の出会いの場になった。太平洋汽船の船員になった父は日本を訪ね、自分の父、つまり片岡の祖父の出身地だった岩国に滞在しているときに母と出会い、結婚した。父親は花嫁をともなってアメリカに帰るつもりだったが、日米開戦に巻き込まれて果たせず、日本に留まる。そのうち片岡が生まれる。

親子は東京の目白で暮らし、片岡は二人の言葉を聞きながら育つ。「父親の英語と母親の日本語とを聞き分けてそれぞれに理解し、自分のなかに二重言語の体系を少しずつ作っていく。赤子の僕にとっての日常的な環境はこれだけであり、したがって赤子の僕はそれにしたがった」。

こう書く片岡が経験した言語環境を単純なバイリンガル環境だと考えるべきではない。確かに父の英語と母の日本語の二つの言葉の中で生きているが、父の英語はハワイの日系人社会の英語から西海岸の英語までの広がりがある。

後に片岡自身も戦争が激しくなったために両親の馴れ初めの地である岩国に疎開し、後で詳説するがハワイでひと花咲かせてから帰国していた祖父の家で育っている。祖父がハワイで暮らしていたときに生まれ、アメリカ本土で生活した後に日本を訪ねたが、戦火が激しくなってアメリカに帰れず日本に留まっていた父親は、戦後になるとGHQの現地雇い職員として働いた。片岡が聞いて育った英語の背景には常に日本語が控えている。それは祖父がハワイで身につけた日系人社会の英語であり、父がそこから離れてアメリカ本土に渡って身につけ、敗戦に打ちひしがれた日本人とGHQの職員との間をつないだ英語でもある。

こうして日本語と英語の接触と乖離をリアルに経験する環境で育った片岡にこそ可能な二つの言語の比較作業がある。

一人称を持たない日本語

ではその議論は日本語とジャーナリズムの関係の議論にどのように接続されるのか。たとえばIがないということをジャーナリズムと関わるかたちで説明してみる。

英語と日本語とは、真正面から対立するほかないまったく異質な言葉であるという仮説を、Iのあるなしだけを土台にして立てることは充分に可能だ。日本は、Iという言葉を持たずに成立している社会だ。Iのある社会から見るとき、その社会はなんと異質に見えることだろう。（中略）

Iがないということは、その対立項であるYOUもまったく存在していないことを、自動的に意味する。HEもSHEもそこにはない。人称代名詞を日本語は持たない。

（『日本語の外へ』）

この言い方で思い出すのは前に検討した玉木明『ニュース報道の言語論』の記述だ。

そもそも言葉とは、誰かによって発せられなければ、その言葉自体がこの世に存在しえないのだ。その言葉を発するもの、すなわち〈一人称＝わたし〉こそ、言葉の最初の原点だということである。「ことばにおいて、そしてことばによって、人間はみずからを主体（subject）として構成する」とバンヴェニストがいうのも、そのような意味でのことである。私たちは〈わたしは……〉と発語することで、他者である〈あなた〉や〈かれ〉、さらには〈世界〉と関係をむすぶことができるのだ。

しかし戦後日本のジャーナリズムは一人称で発言することを自ら禁じた無署名性言語を使うようになった。

〈わたしは……〉と発語することが禁じられているということは、〈あなた〉や〈かれ〉や〈世界〉と関係をむすぶな、〈あなた〉や〈かれ〉や〈世界〉について考えるな、といわれていることに等しかった。それはまた、みずからの主体を構成するな、といわれているに等しいということであった。（同前）

このことだけでも、無署名性言語がそのままで自在にふるまえる一般言語といかに遠い位相にあるかがわかるだろう。

このように玉木と片岡は認識を共有している。しかし玉木が一人称を失った言語を戦後の日本の報道言語に特定するのに対して、片岡は日本語それ自体がそもそもI＝一人称を持たないのだと考えている。「私」や「ぼく」のような一人称の排除を日本の戦後報道ほど徹底しない場合、それらの語彙が現れることがあるが、日本語において用いられる「私」や「ぼく」は、英語のIとは似ても似つかないものだと片岡には感じられている。再び『日本語の外へ』から引こう。

他のどれだけ多くの人とどれだけ大きく異なっていても、Iというその人は本当にその人自身であり他の誰でもない。個人が持ち得る自由のなかで最大のものは、他の誰でもなく自分であるという自由だ。個人が持ち得るすべての自由の基本がここにある。Iという発言者は基本的には主観を述べる。できるだけ多くの人の支持を得るには、その主観を可能なかぎり確かなものにしていかなければならない。もっとも確かなものは客観だから、すべての主観は客観をめざすことになる。
自分の言葉が客観をめざすと、主観は深まって確かなものになり、他の多くの人たちの支持を得ることができるようになる。客観をめざし、そこへのある程度以上の到達を実現させると、ひとつの事実の提示というものが完成する。それによって、その事実の前方へ、人々は運ばれていく。そして次の事実に取り組み始める。このプロセスの繰り返しのなかで、誰もが等しく共通の立場に立てるようになっていく。人々は私的領域を出て公共的な存在となる。（『日本語の外へ』）

言語の自然な本性

こうした英語によって担われる報道は、特に特別な操作なしにも客観的な事実を目指し、公共的な世界を描き出そうとする。それは言語の自然な本性としてそう宿命づけられている。

そしてIを持たず、YOUを説得しようとせず、客観的な論理の駆使を要請されていない日本語によって担われた報道が、その真逆なものになることはいうまでもない。日本語で「本来ならたいへんに論理的な関係を示す言葉、たとえば「いずれにせよ」「しかし」「が」などの言葉が、論理のためには使われず、「相手に対する話し手の側の反論的な態度や感情」をあらわすために使われる。「いずれにせよ」というひと言で、それまでのすべてがあっさりとひっくり返る」と片岡は書く。冒頭で引いた「エニイウェイ」の語を多用していた日本の政治家のエピソードを思い出すべきだろう。「論理のはぐらかし、論理への無関心、きれいにとおっている論理への無意識の反発などを、ごくなにげなく、しかも一瞬のうちに表現することのできるこのひと言は、確かに強力だ」。その強力さは言論の武器になる力ではない。むしろ何も言わないために強力な効果を発揮する。

こうして論理に縛られない日本語が、しかし、何にも縛られずに自由なわけではもちろんない。日本語は論理ではなく「場」に縛られていると片岡は書く。

場ごとに、相手ごとに、そして関係ごとに、自分が用いる言葉は違ってくる。母国語として日本語を使う人たち全員が、このことを了解事項として本能的に承知している。日本語は難しい、外国人には無理だ、外国人に日本は理解できない、などと日本の人たちが言うとき、難しくて理解できないのはこの了解事項だ。

日本人の対話は、対人関係の場という、現実的で具体的な世界に、常に則している。関係の性質や内容、関係の場のありかた、相手の位置というものが生み出す現実などから、誰の対話も自由になれない。対話は常に現実の利害に縛られている。（同前）

場に縛られているので主語が必要とされない。主語Ｉも主語が語りかける相手ＹＯＵも場の中にすでに存在しているので、改めて自分の存在を示す必要がない。

森有正は対面した相手との相互関係の中で、相互嵌入的になる「私的二項関係」を日本語の特徴とした。それと同じことが片岡によっても指摘されている。

そうした場に縛られる言語文化の中では客観的な事実の表明は疎まれる。「日本語で言うリアリティとは、相手の気持ちや都合、事情などのなかへ自分の気持ちをいったん入れた上で、自分へと呼び戻した自分の気持ちのことだ」と片岡は書く。「ほら、私はこれだけあなたの気持ちになっていますよ、と提示して文句のつけようのない、相手の気持ちになった自分の気持ち。こうして主観は二乗される。客観から遠いこのようなリアリティの出発点は、すべてを自分の主観のなかに取り込み、その主観を縦横にからませてなされる発話だ」。

そして、動詞についても片岡は言及する。

（英語の——引用者註）動詞とは、アクションだ。アクションとは、ただやみくもな行動ではなく、理念だ。理念の上に行動が成立する。その行動には責任がともなう。そして理念とは、対立とほぼ同義だ。より良い考えかた、より新しい考えかたなどは、それほど良くはない考えかた、もはや古いとしか言いようのない考えかたなどと、明白に対立する。そして、日本が幕末だった頃の西欧が、すでにすさまじい次元に「なっていた」のは、理念におけるこの対立という行動の蓄積による。（同前）

それに対して「対立を可能なかぎり回避するための性能を精緻に持っている日本語は、ごく当然のこととして、動詞を取り入れなかった」と片岡は書く。片岡はこうして「する」よりも「である」の言語である日本語の特徴を示す。それは日本語で行為動詞が成立しないというだけではない。それは「対立する人や意見がかならず存在し、その対立意見どうしが果てしなく議論を重ねてゆくことのなかにしか社会は存在しないという西欧の大前提を、日本語という言葉の性能は、まさにその性能によって、不用なもの、困ったもの、なんの関係もないものとして、見事にバイパスした」のだという。

Iではなく、「うち」

では、こうして場に縛られ、人間関係の中に没入することを促す日本語の中で英語の一人称に当たるものを探すとどうなるか。

英語のIに相当する日本語は、自分にとってもっとも強固なアイデンティティーという意味において、ひょっとしたら「うち」ではないかと僕は思う。自分が勤めている会社のことを「うち」と呼ぶときなどの、あの「うち」だ。「うち」の論理が支えた五十年、などと言うと平凡な評論のタイトルのようだが、戦後の日本は数多くの「うち」がそれぞれに「うち」の内部で、すさまじく頑張っていくプロセスだった。そのプロセス、そしてそれがもたらした結果を、けっして過小評価してはいけない。現在の日本のすべては、「うち」の頑張りの上に立っているのだから。

ほとんど誰によっても「うち」と呼ばれる会社群が日本を覆いつくし、それらの会社群は強い力を持ち、日本は会社となった。「うち」のなかが世界のすべてであり、その外にはなにがあるのですかと問われたなら、いちばん外の枠はまあ「くに」だろうかという程度の認識にとって、官僚組織とその力はたいへん似つかわしい。会社群を保護し育成し、管理しつつそれによりかかってきた官僚組織も、「うち」のなかのものだ。（同前）

「うち」こそ場の中で、自分たちの側を示す言葉だ。この「うち」は玉木が無署名性言語を使用しつつなんらかの判断を下さざるをえないときに、仮に一度は打ち立ててすぐに消されると考えた「われわれ」にも通じる。「われわれ」もまた「場」の中で特に明示しなくてもいいので省かれる。こうしてみてゆくと片岡が挙げている日本語の特徴の多くが日本の報道の特徴を支えるものでもある。

狭義の報道に限定せず、言論空間の広がりについて考えてもいい。人間関係が嵌入する日本語表現はIとYOUを上下関係か敵—味方の関係に隔てることを、本書では森有正の私的二項関係を引きつつ論じた。このうち敵—味方関係と片岡がいう「うち」の繋がりに注目したい。「うち」とは味方同士の関係だ。味方関係を示す表現は「うち」の間で共感をもって受け入れられ、消費される。ここに「共同性」が生じる。

そしてそうした共同性の枠内に入れない人を「敵」視し、排撃しようとする。そうした争いにおいてセクショナリズム＝「党派性」が生じる。

あらかじめ敵対関係の中に置かれた表現は激しい対抗意識をもって非難されるか、徹底的に無視される。日本語の世界で議論は喧嘩になるか、互いに無視しあって議論にすらならないかのいずれか両極端に偏りやすく、きちんとした言論空間が成立しないといわれる理由の片鱗が、ここに言語のシステムとして示されているのではないか。

この「うち」とは玉木明の無署名制言語論で論じられる「われわれ」でもある。「われわれ」の「共同性」は外に向かっては「われわれ」以外を排除する「党派性」として機能する。「われわれ」が一人称による異議申し立てを排除するのも、そのメカニズムによっている。

消えない光

『日本語の外へ』の最後の方で片岡は疎開先の岩国で過ごした少年時代を書いている。片岡が東京で生まれ、目白で育ったことはすでに触れたが、戦争が激しくなり、東京への空襲が予想されたので片岡の両親は岩国に彼を疎開させることに決めた。

なぜ岩国だったか。片岡の父・定一がハワイで育ったのは先に触れたように彼の父（つまり片岡の祖父）の仁吉がハワイに渡ったからだった。片岡仁吉は一八七九（明治十二）年に山口県の周防大島で生まれ、子供がいなかった親戚筋の片岡七蔵の養子となって岩国の新港で育った。結婚してからハワイ移民となり、一九〇〇年に片岡の父となる定一がハワイで生まれている。

仁吉は一九一九、二〇（大正八、九）年頃に岩国に戻り、新港に家を立てた（以上、堀雅昭『ハワイに渡った海賊たち』〔弦書房、二〇〇七年〕を参照）。疎開してきた片岡が住んだのはその祖父の家だった。自伝的なエッセー『自分と自分以外』（NHK出版、二〇〇四年）の中で片岡は「五歳の子供だった僕は、アメリカ軍による東京への無差別爆撃を逃れて、山口県の岩国にいた。子供が育つところとしてはたいへんに恵まれた環境の場所だった。五歳の夏の僕は、海とその近辺で遊ぶことしか頭にない、陽に焼けた瀬戸内の子供だった」と書いている。

祖父の家を起点として遊びにでかけてゆく。そのとき、家の近くの畑のあちこちに丸い池があることに片岡は気づいていた。水をたたえて水草がのどかに繁っており、カエルもいたし、オタマジャクシもいた。片岡少年は後で知ることになるが、その池はB29が投下した爆弾が爆発した後にできた窪みに雨水が溜まったものだった。

岩国で過ごした少年時代、片岡は「光」を見ている。『日本語の外へ』ではこう書かれている。

一九四五年八月六日の午前八時十三、四分頃、僕は自宅近くの山陽本線のガードの下をくぐった。前夜を自宅ではないどこかで過ごした僕は、朝のその時間、自宅へ帰ろうとしていたのだろう。どこで過ごしたかとうてい思い出せないという事実には、朝のその時間に自宅に向けて歩いていたのなら、しばしばそうであったように朝食を食べに家へ帰ろうとしていたに違いない、という推測を重ねるほかない。

ガードから自宅の前まで、子供が普通に歩いて三分もかからない。自宅の隣りの家の前を歩いていたとき、僕の背後のぜんたいから、非常に明るい光が射して僕の全身をかすめてとおり越し、前方に向けて走り去って消えた。ほんの一瞬の、しかし強力に明るいその光に対して、子供は子供らしく反応した。誰かがうしろから懐中電灯を照らしたのだ、と僕は思った。僕は振り返った。道を歩いている人はひとりもいなかった。

真夏の晴れた日の朝の、あの強く明るい、すべてのものをくっきりと浮き立たせる自然光のなかを、それとはまったく異質の、そしてその異質さにおいて自然光を越える光が、重なりつつもひとつに溶け合うことはないまま、自宅前の見なれた光景のなかを一瞬のうちに走り抜けた。なにが光ったのだろうかと思いながら、僕は自宅に入った。そしてすぐに、その光は僕の意識の外へ出てしまった。

このときのその光は、広島に投下された原子爆弾が、上空五百メートルほどのところで爆発した瞬間に放った、閃光だった。ピカドンの「ピカ」のほうだ。ピカッと光ったのちにドーンと爆発音が轟いたからピカドンだ。庶民の端的な造語能力が見事に発揮された一例だ。「ピカ」は僕をかすめて走り抜けていったが、広島から岩国まで離れていると、さすがに「ドン」のほうはまったく聞こえなかった。(同前)

このときの経験を他の機会にも片岡は繰り返し、書いている。『自分と自分以外』ではこんな言葉が「光」をみた経験に追記されていた。「物心がつき始める瞬間というものがもしあるなら、僕にとってそれは、広島に投下された原爆の閃光を見た瞬間だったような気がする。こじつけるわけではなく、あの瞬間から意味のおすそ分けを謀るわけでもなく、まったく偶然に、物心ついて以来の僕は、あの瞬間から始まっている、この光だけは過去にならない、だから僕は今もこの光の中にいる」。

核の傘の下で

原子爆弾は広島上空で爆発したのでB29がそれまでに落としてきた爆弾のように地面に窪みを作ってはいない。しかし、光の広がった範囲を特別な空間に変えたといえないだろうか。戦後日本はその光が作り出した空間の外に自力で出ることはできなかった。

マーク・ゲインは『ニッポン日記』（筑摩書房、一九六三年）で日本側の新憲法草案委員であった松本烝治らが集まっているところにGHQ民政局長ホイットニーが現れたことを書いている。ホイットニーはGHQが日本側とは別に作った草案を携え、日本側に渡す。「しばらく検討していたまえ」と言い残してホイットニーはベランダに出た。しばらくして部屋に入ってきたホイットニーは「今、原子力的日光の中でひなたぼっこをしていたよ（We've just been basking in the warmth of the atomic sunshine.）」と言ったとゲインは伝えている。ちょうどタイミングよく米軍の飛行機が上空を飛んでいたとも。

核融合反応である太陽の光を浴びていたと解釈する説もあるが、原子力の日光とは当時アメリカだけが実用化していた原爆の閃光を指していると考えるのが普通だろう。米国の「核の傘」の下に日本は入る。米国だけが原子力の実用兵器化を実現している状況の中で、傘の下に入る日本が通常兵器によって武装する必要はもはやない。日本に終戦を決意させたのも新しい戦後憲法で武力放棄が謳われたのも核の力によるものであった。その後、朝鮮戦争のときに自衛隊を持つことにはなるが、吉田内閣の軽武装経済重点主義は核の傘の下でこそ選べた政策であった。原爆が歪ませた時空の中には経済成長という水が湛えられるようになった。

こうして戦後の新生日本は原爆の光の中でスタートを切ることになるが、自分たちの周囲にあるそうした枠組みについて当の戦後日本人は十分に自覚したと言えるだろうか。

戦後憲法が制定された後、冷戦構造が本格化し、その交付後わずかの間にアメリカの核独占が破れ、朝鮮戦争が勃発している。憲法の建前と国際政治は大きく乖離しつつあった。しかしその乖離を隠蔽したのがサンフランシスコ講和条約と同時に締結された日米安保条約であった。世界はすでにアメリカの核の力によるパックス・アメリカーナを満喫できる状態ではなくなっていたが、安保さえあれば日本は米国の核の傘の下に入り続けられた。そうした情勢を所与のものとして革新勢力は憲法の建前を護持しつつ安保を批判するポーズを取り、保守派は安保さえあれば憲法の建前には眼をつぶっていられた。その慣れ合いが国内的に結実したのが五五年体制であった。

片岡はこう書いている。

明治維新から戦争をはさんで新憲法そして民主主義まで、自分の国に関して自前で考えて持つべき国家や歴史に関する、可能なかぎり客観的な視点という、もっとも重要なことを戦後の日本は見事にバイパスした。戦争が方針の間違いであった以上に、戦争以後もじつは間違っていた。しかしそのバイパスの見事さは、それ以後の経済活動にとって、原動力のように作用した。

戦争は終わっていないという言いかたは、文芸的にではなく、しごくまともな文脈で成立する。戦争が終わっていないのであれば、大事なことはなにひとつ考えずにきたという意味で、戦後を知らないと言わなくてはならない。戦後を知らなければ、たとえば冷戦がなにだったか、本当には知らないことになる。(同前)

ジャーナリズムも「知ろうとしないまま膠着した」状況の中にあったことを認めざるをえない、保守系メディアか、リベラル系メディアか、あらかじめ極性を決められた磁石のように論説をなかば自動的に積み上げ、同じ極性同士では引き合い、極性が違えば反発する。反発していたと思えばくるっと回ってくっついてしまったり……。冷戦期のマスメディアは二大政党制の下にあり、それもまた原子力的日光の中にあった。

マスメディアの仮構する「われわれ」は憲法九条護持の戦後民主主義者か、改憲派の「普通の国」志向者かのどちらかであり、それぞれに「われわれ」の内部であらかじめ方向づけられた「うち」わ(内輪)の議論を展開した。相互に排他的な議論は噛み合うことがなかったが、世界的には米ソが核戦力をもって相互確証破壊関係をもって向き合う国際情勢が固定的であり、日米安保の枠組みを通じてそうした国際秩序の中に組み込まれている日本国内で、護憲か改憲かの議論をしようにも実質的な意味を持ち得ず、だからこそ着地点を探そうとしない「議論のための議論」を延々と繰り広げることができた。前章で引いた清水の『日本を国家たれ――核武装の選択』は、そうした状況に一矢を報いようとするものでもあったが、一人称の身分で異議申し立てする部外者を許容しない「われわれ」

の厚い沈黙の壁に立ちはだかられて、まともに議論されずに排除されたとも言えよう。

しかし、冷戦の終結、そしてその直後に勃発した湾岸戦争で大きく状況は変わった。憲法の建前を守って当初は多国籍軍への資金援助のみを行い、それでは理解が得られないとわかると慌てて掃海艇の派遣をしたが“too little,too late”と酷評される。9・11の同時多発テロ後には早くから後方支援に自衛隊を派遣したいという意向を打ち出していたが、米国のアーミテージ国務副長官に「ショー・ザ・フラッグ（日の丸を見せろ）」と言われた。かつて武力放棄条項を含む憲法を与えたアメリカの姿勢はそこまで変わった。

つい昨日までは「うち」が世界のすべてだったのに、その「うち」が外のぜんたいと直結されないことには次の時代はあり得ない、という状況がすでに始まっている。「うち」が「うち」のなかで頑張っていた時代には、「うち」のルールだけでことは足りた。外のぜんたいと直結されるとは、「うち」のルールは外のルールと同一になる、ということだ。「うち」は自らを開き、外のルールを取り入れ、それにのっとって考え行動していかなくてはならない。

いつも切実に外と接している会社群では、「うち」を開いてルールを外とおなじにしていく作業が、とっくに始まっている。「うち」を開くことに関して最後まで抵抗するのは、官僚組織だろう。官僚組織に準じた組織、つまり外との切実な接触のまだ

ない領域でも、抵抗は試みられることだろう。（同前）

うちのルールを外のルールと同一化するということをグローバルスタンダード化というような流行語で語られることと取り違えるべきではない。片岡は『日本語の外へ』の前半で多くの場合、グローバルスタンダードがアメリカンウェイの言い換えにすぎないことを繰り返し指摘している。

ここで片岡が言いたいことは、そうしたアメリカンスタンダードへの従属ではなく、普遍性、公共性に開かれてゆくということだろう。言語的に言えばIをきちんと立てて考えて、動詞で述べたアクションについての責任を取る覚悟で、それを伝えるということになる。

たとえば本多の『日本語の作文技術』は日本語に内在するルールに従えば、日本語でも誤読されずに、論理的に意味が伝達できると考える。それは正しい。しかし問題はそうした表現が外に通じるかということだ。日本語で主語のIを表現のスタート地点に据えずに表現が可能なのは、人間関係があらかじめ嵌入しており、改めて言わずとも誰が何を誰に話しているか分かることと無関係ではない。そうした日本語の世界の中でルールを順守する作文技術を駆使すれば同じ日本語の世界にいる人には誤読されずに効率的なコミュニケーションができるだろう。

だが、そうした表現を現実の時空間を超えて伝達することはできない。その時にはIをきちんと立て伝える必要がある。そうしないとその表現は人間関係が自明な時空間を離れると文脈を欠いて意味不明になってしまうからだ。

ちなみに森有正は翻訳可能な日本語表現だけが論理と定義を備えていると考えた。そうした森有正の日本語批判に対して本多が日本語を擁護したのは、「うち」で表現を考えるか、「そと」にも通じる普遍性を持った論理や命題までを意識するかの違いだったのではないか。片岡の議論を通じて論争の構図が改めて見えてくるように思う。

しかし普遍性、公共性の側に表現やさらには思考をも開いてゆく作業は、「うち」わの集団無責任体制の中では不要なものであり、だからこそ当然摩擦が生じる。抵抗しているのは官僚組織だけでない。ジャーナリズムもまた変わり身の最も遅い分野ではないのか。「うち」の外へ、「われわれ」の外へ、つまり今ある日本語の外へ出て、客観の側へ、公共の側へと向かうことを求められるのだ。

そんな困難な変化をいかに実現させるのか——。

時制をもつ言語と、もたない言語

『日本語の外へ』の冒頭に置かれていた、片岡が軽井沢にアンドリュー・ワイエスの絵を見に行った日の記述を思い出してみたい。美術館にでかけたまさにその日に湾岸戦争が勃発し、それが日本語と英語の議論を始めるきっかけになる。

アンドリュー・ワイエス展に出かけたときに湾岸戦争が起きる。それが本当だとしたら偶然の一致だろう。しかしたとえ偶然の結果であったとしても、冒頭のエピソードはただ偶然に置かれたものではないと思うのだ。美術館の庭で時を過ごした片岡はもう一度館内に戻る。

僕はもういちど美術館のなかに入った。本なら序文にあたるような位置に、日本語による解説のパネルが掲げてあった。読むともなく、僕はそれを読んでみた。私の絵にペシミスティックな感触があるのは、いま自分が見ているこの瞬間を、いつまでも自分のものとして持っていたいと私が願うからだろう、という意味のワイエスの言葉を僕は記憶に残した。(中略)

ペシミズムの出発点について、僕は考えた。いま自分が見ているこの瞬間のこの光景を、いつまでも自分のものとして持っていたいと願うこと。それがペシミズムの出発点だ。少なくともワイエスによれば、そうだ。時間は経過していく。経過してかたっぱしから消える。そのなかで、すべてのものは変化していく。消えるものも多い。そのこと自体が、ペシミズムの土台だ。生きてこの世にあるということは、ペシミスティックにとらえてこそ、正解なのか。ペシミズムは子供の頃からの僕の趣味だ。この世にあるということはペシミスティックに捉えてこそ正解なのだと考えたい。それが自分の趣味だと片岡は書いている。このくだりは最後の章で再び登場し、『日本語の外へ』がペシミズムを伏線とした作品であったことを推測させる。

このペシミズムを悲観主義と訳すのは拙速だ。片岡はそれを、自分が見ているこの瞬間の、この光景を、いつまでも自分のものとして持っていたいと願うこと。それが叶わない願いだと知りつつ、それを願うこと、そこにペシミズムの源泉があると書いている。だとすれば、それは歴史を書き残そうとする行為にも繋がる。確かにワイエスの絵にはそうした感性がある。

今はいつか過去になり、歴史の一幕となる。そうした歴史性の中で今と向き合うこと——。『日本語の外へ』の中には人称と時間意識の関連への言及があった。

Iという個人は、どのような時間の感覚を持っているのだろうか。時間と自分との関係のありかたは、きわめて明確に一定しているのではないのか。時間というものに対して、Iという自分は常に一定の位置にとどまり、そこを動くことはない。自分は常に現在の中心に存在している。その自分の、前でもうしろでも比喩的な方向はどちらでもいいが、たとえば前方には未来が、そして後方には過去があるとしよう。

未来はまだ現在とはなっていない時間として、現在にいる自分に向けて接近しつつある時間だ。未来は自分に向けて動いてくる。そして現在まで到達してそれは現在となり、そこにいる自分をとおり過ぎていき、自分の背後へとまわり、次第に遠のいて過去となっていく。未来も現在も過去も、それぞれくっきりと独立している。未来、現在、過去が、それぞれ所定の位置にはっきりとある。客観の土台としての厳密な時間の感覚だ。

そのような時間の感覚を言葉で表現するため、時制という文法上のルールがある。英文法の時制は、少なくとも僕の経験の範囲内では、完璧だ。どのような時間をも、時制のルールを使って、正確に表現することができる。これは単に英文法のなかにとどまることではなく、個人の世界観から社会の成り立ち、そしてその運営のされかたにいたるまで、その社会ぜんたいに決定的な影響をあたえているはずだ、と僕は思う。

それが英語の時間意識だとすれば、日本語はここでも対照的だ、

過去だけではなく、時間というものぜんたいが、日本語では主観でとらえられている。過去はなにかといえば現在となって戻ってくる。

現在をよりいっそう現在として増幅するために、過去はある。日本語にある現在主義とも言うべき性能が、ここから浮かび上がってくる。日本語は現実の場に貼りついて機能する言葉だ。場のひとつひとつが、そのつど、もっとも大事だ。いま自分が身を置いている、この場だ。そしてそれは、まぎれもなく、現在だ。その現在が、日本語にとっては、最大の関心事だ。

時間は経過していく。いまのこの場は、次のその場へと、交代していく。さきほどの現在から、いまのこの現在へと、場は移る。そのような場というものに、そのつど言葉は奉仕する。そのときその場が、そのつどもっとも重要であるなら、英語にあるような完璧に近い厳密な時制など、邪魔以外のなにものでもないだろう。現在とそのなかでの、自分や相手の主観のみが、最大の関心事なのだから。(同前)

ここに片岡がフランス語の単純過去のような「た」を小説でよく使っていた理由がわかる。それは現在の、現実の人間関係のおけるそれぞれに主観的なしがらみに絡め取られないかたちで過去を過去として描くために必要な文体だったのだ。日本語では過去の出来事についても現在の人間関係の中に位置づけて語る。だから現在に繋がった過去しか無い。それに対して片岡の過去形は現在のしがらみから断ち切られているからこそ超然として、クールだ。それは森有正のいう現実嵌入から遠くあろうとする文体ということもできるだろう。

そして、「いつまでも自分のものとして持っていたい」と願う現在とは、やがて現在から切り離されて過去になる運命の現在だ。逆にいえば、過去がいつまでも現在のしがらみの中にあるのであればペシミズムが育まれる必要はない。

日本語のジャーナリズムに最も欠落するもの、それは現在をいつか過去になるものとして記録しようとするペシミズムかもしれない。その意味におけるペシミズムはジャーナリズムの初志に通じる。鶴見俊輔が『ジャーナリズムの思想』(『現代日本思想大系12』、筑摩書房、一九六五年)で書いている。

「ジャーナリズム」にははじめ「ジャーナル」という言葉がかくれていた。「ジャーナル」はもとラテン語で、「ディウルヌス」は「一日の」という形容詞、「ディウルナ」は日刊の官報を意味する。英語になってからははじめ毎日つけられる記録はすべてジャーナルと呼ばれるようになる。おおやけのことを毎日記録するローマの官報『アクタ・ディウルナ』にしても、毎日の私事を記録した十七世紀イギリスのピープスの日記にしても、ともにジャーナルなのだ。『オックスフォード英語辞典』によれば、毎日の記録という意味で「ジャーナル」という言葉がつかわれはじめたのは一五〇〇年ごろからであり、日刊新聞という意味でこの言葉がつかわれるようになったのは一七二八年以来である。それから、連想の比重の逆転はあったが、それでも日記あるいは日録として「ジャーナル」という言葉をつかう習慣もまた、今日まで持ちこされている。「ジャーナリスト」という英語の単語は、第一に新聞記者・雑誌記者を意味するが、第二には日記をつける人という意味を持っている。

一方、漢字文化圏では「報道」の語に日記の意味は含まれていない。中国の古い用例に「若逢城邑人相問、報道花時也不閑」「白髪漁人来報道、梅花開在釣磯西」というものがあるようだが、いずれも「花が咲いた」と知らせ、伝える文脈でつかわれている。日本では横山源之助が一八九九年に「尚ほ新聞紙上に同盟罷工の報道は見えたり」と使ったのが最初だという（ＮＨＫ放送文化研究所「ことばウラ・オモテ」https://www.nhk.or.jp/bunken/summary/kotoba/uraomote/019.html）が、これもそうした中国での用例の延長上にあるといえよう。

こうした漢字文化圏の伝統の俎上では、報道に「今を報じ続けてゆくことで現在を更新すること」以上の意味合いを持たせることは難しかったのかもしれない。

それが日本語独特のジャーナリズムに帰結したのだとすれば、あえてそれとは異なる初期値へと自分のジャーナリズムをリセットしてみる価値もあるのではないか。

つまり、今を過去に消えてゆくものとして惜しみつつ記録し、いつの日にか、それを伝えることに備える、ジャーナリズムの中に潜むジャーナルの営みに敢えてこだわること。

それは日本語のジャーナリズムにおいては、単なる先祖返り以上の意味を持つ。誰にも責任転嫁できずに自らの責任でジャーナルを書くことが「記録するI」の輪郭を鍛え、YOUに伝えてゆくIの姿勢を確かなものとするのではないか。読まれる時には現在から切り離され、過去になっている事実の記録を、Iは自らを主語に立てて未来の読者であるYOUに向けて書く。このYOUもまたあらかじめ現実の人間関係の中に嵌め込まれた特定の誰かではない。偶然の中で出会う、具体的関係性の文脈を超えた未来の読者だ。そこでは「うち」わの暗黙知は通用せず、「そと」に開かれた論理を踏まえることが求められる。

片岡から教わったのはバイクだけではない。ペシミズムについてもまた彼に教わった。「時間は経過していく。経過してかたっぱしから消える。そのなかで、すべてのものは変化していく」。ジャーナリズムは記録しながら、そうした変化に寄り添う。変化を前にして、それを記録しておくべきだと考えるIがいて、その記録をいつか伝える相手として今はまだ見知らぬYOUがいる。そのコミュニケーション条件を芯に積み上げられることで、日本語のジャーナリズムは今度こそ「うち」わの共同性から離れて、再起動できるのではないか。

だから敢えて一介の日記書きから始める決意を手放さない。そんなジャーナリズムの担い手でありたいと筆者は考えている。

おわりに

本書では大学時代のことから書き始めたので、ここではさらに遡ってその前史を。

片岡義男は自分が育った岩国の大地に掘られていた爆撃の穴を航空写真で見たようだが、筆者もやはり空から「穴」を見おろしたことがある。

たぶん中学生だった頃。東京西郊に位置する調布飛行場から軽飛行機で離陸し、東京遊覧飛行をしたことがあった。叔父の知人が調布飛行場で軽飛行機のパイロット養成の教官をしており、遊覧飛行に招待してくれたのだ。

滑走路を軽快に走り始めたセスナ機は、パイロットがくいっと操縦桿を引くと軽々と離陸した。操舵通りに動く感覚は、よくハンドルが切れるコンパクトカーのような感じ。ただし方向を変える角度が左右だけでなく上下も含まれるところが自動車と違う。

都心の方に向かって飛び、東京タワーや霞が関ビル、国会議事堂などを空から見せてくれたはずだ。このあたりの記憶が少し怪しいのは調布の飛行場に帰る直前に見た景色の方が個人的には印象的で、そちらに記憶容量を奪われてしまったからだろう。

着陸が近づき、高度を落としたセスナの窓の下に、そこだけ緑が濃く茂った一角が見えた。

「ここは?」「ＩＣＵ」「?」「大学。正確には国際基督教大学……」

エンジン音が軽快に響くコクピットの中でそんな会話を交わしているうちにセスナは滑走路の上にふわりと舞い降り、わずかに滑走して停止した。

数年後、今度は地上を歩いて同じ場所を訪ねている。都心の高校と都心の予備校に通い、多感な時期ゆえにいろいろ感じること、考えたこともあり、大学に通うのであれば静かに考える時空間が欲しくなっていた。

そんなときに受験のために東京三鷹のＩＣＵキャンパスを訪れ、バス停を降りてから森の中を校舎まで歩いてゆく。入試なのでキャンパス内は、学生の立ち入りを禁じていたのだろう。みぞれ混じりの雨が降る二月上旬のキャンパスは、とんでもなく静かで自分の吐く白い息の音しか聞こえなかった。空から鳥の目で見下ろした、濃密に茂った森のイメージが蘇る。あの分厚い緑の緩衝帯によって外部から遮断された時空の「穴」の中に自分は入ってゆこうとしているのだ、そう思った。これは日本社会の内にあってその外にある場所への道行きなのだ。これから四年間、自分は日本にいながらにして騒々しい日本社会の外に出るのだ——。そんな近未来があたかも確定しているかのように感じられた。

しかし、すぐに見通しの甘さに気付かされる。調べてみるとキャンパスは第二次大戦期に戦闘機や爆撃機を製造していた中島飛行機の三鷹研究所の跡地に作られていた。研究所であり、実際に戦闘機などを量産する工場ではなかったので爆撃目標としてのランクは相対的に低かったかもしれないが軍事拠点には変わりはない。おそらく米軍機の空襲にもさらされただろう。
そんな場所が戦後になって日本をキリスト教化する拠点のひとつとして選ばれた。一九四九年、御殿場にあるＹＭＣＡ東山荘で催された日米のキリスト教指導者による会議において、国際基督教大学の創設が正式に決定された。高松宮宣仁親王が設立準備委員会の名誉総裁に就任し、当時の日本銀行総裁である一万田尚登が設立のための募金運動に奔走。またＧＨＱ最高司令官を務めたダグラス・マッカーサーも、大学設置に際し財団の名誉理事長として、米国での募金運動に努めたというのだからとんでもない豪華メンバーである。

こんな大学の歴史は、そこが日本の「外」にある治外法権区だとの思い込みが軽率であることを示す。そこは戦後の日米同盟を象徴する場所であり、原子力的日光が注ぎ、照り返す場所でもあり、その意味で戦後日本の「内」にほかならない。東京の喧騒を逃れて「外」に出たつもりが、いつのまにか「内」側にいる。クラインの壺のようなねじれた穴の中に入ってしまったことを思った。

そんな場にいながら「内」にあって「外」の立ち位置をどうとればいいか――。模範とすべきものは多く見つかる。たとえば大学に通っていた当時、詩的表現に惹かれていたことを本書冒頭で書いているが、それは同じ志を持っていそうな詩人が多くいたからでもある。詩は日本語で書かれていながら日本語の重力を断ち切ってゆこうとする。

瀧口修造や、三人称の硬質さ、ものの充実と静寂を目指した朔太郎の詩はいうまでもない。それ以外にも、たとえば「日本語のロック」を目指して格闘していた作詞家が書いたこんな戯れ歌のような歌詞であっても、日本語の音やリズムや歴史から一歩引いたまなざしがあり、「内」にあって「外」の境地を感じる。

あいうえお　かきくけこ
さしすせそそそ　たちつててとと
なにぬねの　はひふへほ
まみむめももも　やいゆえよ
らりるれろろろ　わゐうゑを　ン
『愛餓を』　松本隆

詩の言語から考え始め、考え続ける癖はいつしか深く自分の身についていたのだろう。その後、大学を離れてジャーナリズムについて考えるようになっても、そうか、と合点するところがあった。「内」にあって「外」とはまさにジャーナリズムの境地でもあるのではないか、と。詩とジャーナリズムは一方が韻文、他方が散文を基本形とする点では水と油だが、日本語を用いる文化に対する位置付けにおいて共通するものがある。

「内」とは共同体を意味する。「内」にいて「内」しか世界がないと信じて生きるのは安楽だ。「外」とはそうした共同体の外部だ。旅行者や留学生はそうした外部に出る経験をする。しかしただ場所が外部になっただけで、実際には従来の人脈や価値観を引きずり、「外」になど出ていないケースも多いだろう。それは「外」にいながら「内」にいるあり方だ。そして旅行や留学が終われば、場所的にも元の場の内部に戻ってくる。それに対して「内」にあって「外」とは、自分の所属する共同体の中にいつつ、その「外」に出ることだ。ジャーナリズムはその営みを成り立たせる共同体に依って立ちつつも、その共同体を「外」から批評的検証的に眺める。そうした「公共的」視点を提供することによって共同体に資する作業である。

そんな「内」にあって「外」の立ち位置を取るために、言論活動であるジャーナリズムには、自らが使用する共同体の言語を対自化して距離を取る「環境整備」の必要がある。日本語とジャーナリズムの間の癒着に楔を打ち込まなければならない。「はじめに」で書いたイメージを用いるならニュースというコンテンツを届けるジャーナリズムの溶質的な「面」と、それを日本語というメディアを用いて伝える溶媒的な「面」を、表裏一体化している状態から薄膜を剥がすようにそれぞれ分け隔て、普段は空気のように気づきにくくある日本語という界面を見ようとしなければならない。そうせずにはジャーナリズムは優れた詩のように共同体を乗り超えてゆくことはできず、共同体の中で下手くそな詩的散文として私有され、あらかじめ用意された上下や敵・味方を隔てる人間関係の中で虚しく消費されるだけになろう。

本書ではそんなジャーナリズム論的な問題意識、危機感から日本語を省みてみた。「内」にあって「外」にあろうとしていろいろ調べ、考えを積み上げてきた大学時代以来の経験を、ジャーナリズム論の枠組みに改めて収めるべく、言語哲学、一般意味論をおさらいしつつ組み立て直してみた。結果として過去に筆者が影響を受けてきた思想なり作品なりを、改めてもう一度辿り直し、それらとの出会いの中で考えたことを書いてゆく、遅れて日記を記すような作業となった。これも自分なりのペシミズムの実践だったというべきか。

晶文社WEBサイト「スクラップブック」連載中から編集を担当してくださり、単行本としてまとめるにあたってもお世話になった足立恵美さんに感謝します。

二〇一六年八月　武田 徹

著者について

武田 徹（たけだ・とおる）

1958年生まれ。ジャーナリスト・評論家。東京大学先端科学技術研究センター特任教授、恵泉女学園大学教授などを歴任。国際基督教大学大学院修了。メディアと社会の相関領域をテーマに執筆を続け、メディア、ジャーナリズム教育に携わってきた。2000年『流行人類学クロニクル』（日経 BP 社）でサントリー学芸賞受賞。著書に『偽満州国論』『「隔離」という病』（中公文庫）、『殺して忘れる社会』（河出書房新社）、『戦争報道』（ちくま新書）、『原発報道とメディア』（講談社現代新書）、『原発論議はなぜ不毛なのか』『私たちはこうして「原発大国」を選んだ―増補版「核」論』（中公新書ラクレ）、『暴力的風景論』（新潮社）、『NHK問題——二〇一四年・増補改訂版』（KindleDirectPublishing 版）等多数がある。

犀の教室
Liberal Arts Lab

日本語《にほんご》とジャーナリズム

2016年11月30日　初版

著　者　　武田徹

発行者　　株式会社晶文社
　　　　　東京都千代田区神田神保町1-11　〒101-0051

電　話　　03-3518-4940（代表）・4942（編集）

U R L　　http://www.shobunsha.co.jp

印刷・製本　　中央精版印刷株式会社

ISBN978-4-7949-6827-2 Printed in Japan